香海文化

如何度難關

星雲法語

目錄

第4冊 如何度難關——智慧

總序
6 十把鑰匙 星雲大師
推薦序一
9 宗教情懷滿人間 李家同
推薦序二
12 安心與開心 洪蘭
推薦序三
17 法鑰匙神奇的佛 胡志強
推薦序四
22 佛法與生活及工作結合時 郝明義
推薦序五
25 人生的智慧和導航 趙辜懷箴

卷一 思想津梁

32 思想成業
36 思想津梁
40 舉止的典範
43 尊重的真義
47 仁義禮智
50 好習慣
54 兩極的看法
57 事物的兩面

60 事之兩面
63 事物之理則
67 事理情法
71 事上的態度
74 理的重要
78 通情達理
81 遵循真理
84 各具特質
88 自然原理
92 防範感官之病
95 懶惰的過失
99 懶則窮
103 善惡論
107 貧窮富貴
110 貧富貴賤
114 窮敗之因
117 走出去
120 參加活動的功能

卷二 退一步想

126 如何度過難關
129 如何改過
132 如何排除煩惱
136 離是非煩惱
139 窮通不變
142 窮敗之因
146 不順的原由
150 面對壓力
153 挫敗之因
156 代替之寶
160 失去
164 去除而後有
168 耕耘
172 取代
175 犯錯
179 奮起飛揚
182 過度之病

186 忍的意義
190 忍耐
194 能忍為高
197 後顧之慮
201 思慮與知過
204 退一步想
208 寬廣之理
211 不亂
214 承擔的定義
218 如何豁達
221 自我超越

卷三 智慧之喻

226 圓融之難
230 欠缺之圓
233 巧之妙
237 智慧之喻
240 智慧之用
243 可與不可
247 過失
251 行走世間
254 經驗
258 小事勿輕
261 剛柔進退
265 鬥智不鬥氣
268 服從(一)
271 服從(二)
274 忙的妙用
278 如何揀擇
282 取與捨
285 為所當為
289 適可而止
292 防患的重要
296 所為皆可
299 「小」不可輕
303 回饋

306 矜持的利弊
309 生氣的藝術
312 遠之用
316 難與易
319 過分之弊
322 虛實之間
326 變易難久

卷四 教導後學

332 誰最好
336 難能可貴
340 不回來的東西
343 「藏」的大用
346 無的功用
349 警覺之要
352 情感表達
356 教導後學
360 忠告之要
363 飲酒的過失
366 聚集
370 不如
373 有不可者
376 想念
379 更新
383 自他古今
386 增加什麼
390 招殃
393 取與恕
397 不足之患
401 災禍之根
405 「有」之後效
408 如何規勸
412 有用的條件

總序

十把鑰匙

「星雲法語」是我在台灣電視、中國電視、中華電視三十年前的「三台時代」，為這三家電視台所錄影的節目。後來在《人間福報》我繼「迷悟之間」專欄之後，把當初在三台講述的內容，再加以增補整理，也整整以三年的時間，在《人間福報》平面媒體與讀者見面。

因為我經年累月雲水行腳，在各國的佛光會弘法、講說，斷斷續續撰寫「星雲法語」，偶有重複，已不復完全記憶。好在我的書記室弟子們，如：滿義、滿觀、妙廣、妙有、如超等俄而提醒我，《人間福報》的存稿快要告罄了，由於我每天都能撰寫十幾則，因此，只要給我三、五天的時間，我就可以再供應他們二、三個月了。

像這類的短文，是我應大家的需要在各大報刊、雜誌上刊登，以及我為徒弟編印的一些講義，累積的總數，已不下二千萬字了。「星雲法語」，應該說是與「迷悟之間」、「人間萬事」同一性質的短文，都因《人間福報》而撰寫。承蒙讀者鼓勵，不少人希望結集成書，香海文化執行長蔡孟樺小姐將這些文章收錄編輯，文字也近百餘萬言，共有十集，分別為：一、精進；二、正信；三、廣學；四、智慧；五、自覺；六、正見；七、真理；八、禪心；九、利他；十、慈悲。

這套書在《人間福報》發表的時候，每篇以四點、六點，甚至八點闡述各種意見，便於記憶，也便於講說，有學校取之作為教材。尤其我的弟子、學生在各處弘法，用它做為講義，都說是得心應手。

承蒙民視電視台也曾經邀我再比照法語的體裁，為他們多次錄影，並且要給我酬勞。其實，只要有關弘法度眾，我都樂於結緣，所以與台灣的四家無線電視台都有因緣關係。而究竟「星雲法語」有多大的影響力，就非我所敢聞問了。

「迷悟之間」除了香海文化將它印行單行本之外，後來又在北京發行簡體字版，「人間萬事」則尚在《人間福報》發表中。現在「星雲法語」即將發行出版全集，略述因緣如上。

承蒙知名學者李家同教授、洪蘭教授、台中胡志強市長、大塊集團郝明義董事長，以及善女人辜懷箴居士，為此套書寫序，一併在此致謝。

是為序。

二〇〇七年九月一日 於佛光山開山寮

推薦序一

宗教情懷滿人間

星雲大師的最新著作《星雲法語》十冊套書，香海文化把部分的文稿寄給我，邀我為序。八月溽暑期間，我自身事務有些忙碌；但讀著文稿裡星雲大師的話，卻能感覺到歡喜清涼。

《星雲法語》裡面有一篇我很喜歡。

要有開闊包容的心胸、要有服務度生的悲願、要有德學兼具的才華、要有涵養謙讓的美德。——〈現代青年〉

多年來我從事教育工作，希望走出狹義的菁英校園空間，真正幫忙各階層弱勢學生。看著莘莘學子，我想我和星雲大師的想法很接近吧，就是教育一定要在每個角落中落實，要讓最弱勢的學生，能個個感受到不被忽略、不受到城鄉資源差別待遇。

青年教育的目的，不就是教育工作者，希望能教養學生，成為氣度恢弘的國民？

為勉勵青年，星雲大師寫下「青年有強健的體魄，應該發心多做事，多學習，時時刻刻志在服務大眾，念在普度眾生，願在普濟社會。」

星雲大師的話，讓我想起聖經裡的金句。

「有了信心，又要加上德行；有了德行，又要加上知識；有了知識，又要加上節制；有了節制，又要加上忍耐；有了忍耐，又要加上虔敬；有了虔敬，又要加上愛弟兄的心；有了愛弟兄的心，又要加上愛眾人的心。」──〈彼得後書．第一章〉

宗教情懷，就是超越一切的普濟精神。人間的苦難，如果宗教精神無以救濟，那麼信仰宗教毫無意義。不論是佛陀精神，或是基督精神，以慈愛的心處世，我想原則上沒有什麼不同。尤其是青年人，更應細細體會助人愛人的真諦，在未來三十、五十年，起著社會中堅的作用。這樣，我們現在辦的教育，才真正能教養出「德學兼具」的青年，讓良善能延續，社會上充滿不汲汲於名利，助人愛人的和諧氣氛。

香海文化即將出版的《星雲法語》，收錄了精采法語共計一〇八〇篇，每一篇均意味深長，適合所有人用以省視自己，展望未來。「現代修行風」不分基督佛陀，親切的聖人教誨，相信普羅大眾都很容易心領神會。

如今出版在即，特為之序。

（本文作者為國立暨南大學教授）

推薦序二

安心與開心

在亂世，宗教是人心靈的慰藉，原有的社會制度瓦解了，一切都無法制、無規章，人民有冤無處伸，只有訴諸神明，歸諸天意，以求得心理的平衡。所以在東晉南北朝時，宗教盛行，士大夫清談，把希望寄托在另一個世界。歷史證明那是不對的，這是一種逃避，它的結果是亡國，智者知道對現實的不滿應該從改正不當措施做起，眾志可以成城，人應該積極去面對生命而不是消極去寄望來生。星雲大師就是一個積極入世的大師，他在國內外興學，風塵僕僕到處弘法，用他的智慧來開導世人，他鼓勵信徒從自身做起，莫以善小而不為，當每個人都變好時，這個社會自然就好了。這本書就是星雲大師的話語集結成冊，印出來嘉惠世人。

洪蘭

人在受挫折，有煩惱時，常自問：人生有什麼意義，活著幹什麼？大師說，人生的意義在創造互惠共生的機會，這個世界有因你存在而與過去不同嗎？科學家特別注重創造，就是因為創造是沒有你就沒有這個東西，沒有莫札特就沒有莫札特的音樂，沒有畢加索，就沒有畢加索的畫，創造比發現、發明的層次高了很多，人到這個世上就是要創造一個雙贏的局面，不但為己，也要為人。英文諺語有一句：Success is when you add the value to yourself. Significance is when you add the value to others. 只有對別人也有利時，你的成功才是成功。所以大師說，生命在事業中，不在歲月上；在思想中，不在氣息上；在感覺中，不在時間上；在內涵中，不在表相上。這是我所看到談生命的意義最透徹的一句話。

挫折和災難常被當作上天的懲罰，是命運的錯誤；其實挫折和災難本來就是人生的一部分，不經過挫折我們不會珍惜平順的日子，沒有災難不會珍惜生命。人是動物，是大自然中的一分子，不管怎麼聰明、有智慧，還是必須遵行自然界的法則，所以有生必有死，完全沒有例外，但是人常常參不透這個道理，歷史上秦始皇、漢武帝這種雄才大略的人也看不到這點，所以為了求長生不老，倒行逆施，壞了國家的根基，反而是修身養性的讀書人看穿了這點。宋、李清照說「今手澤如新而墓木已拱，乃知有有必有無，有聚必有散，亦理之常，又胡足道」。看透這點，一個人的人生會不一樣，既然帶不走，就不必去收集，應該想辦法去用有限的生命去做出無限的功業。

一個入世的宗教，它給予人希望，知道從自身做起，不去計較別人做了什麼，只要有做，世界就會改變。最近有法師用整理回收物的方式帶信徒修行，他不要信徒捐獻金錢，但要他們捐獻時間去回收站作義工，從行動中修行。我看了這個報導真是非常高興，因為研究者發現動作會引發大腦中多巴胺（dopamine）這個神經傳導物質的分泌，而多巴胺跟正向情緒有關，運動完的人心情都很好，一個跳舞的人即使在初跳時，臉是蹦著的，跳到最後臉一定是笑的。所以星雲大師勸信徒，從動手實做中去修行是最有效的修行，對自己對

馮儀繪（局部）

社會都有益。

在本書中，大師說生活要求安心，心安才能體會人生的美妙，才聽得到鳥語、聞得到花香，所以修行第一要做到心安，既然人是群居的動物，必須要和別人往來，因此大師教導我們做人的道理，列舉了人生必備的十把鑰匙，書的最後兩冊是要大家打開心胸，利他與慈悲，與一句英諺：you can give without loving, you can never love without give. 相呼應。不論古今中外，智者都看到施比受更有福。

希望這套書能在目前的亂世中為大家浮躁的心靈注入一股清泉，人生只要心安，利人利己的過生活，在家出家都一樣在積功德了。

（本文作者為國立陽明大學神經科學研究所教授）

推薦序三

法鑰匙神奇的佛

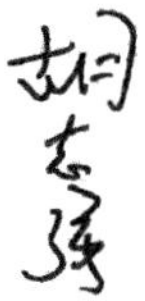

星雲大師，是我一直非常尊敬與佩服的長者。

長久以來，星雲大師所領導主持的佛光山寺與國際佛光會，聞聲救苦，無遠弗屆，為全球華人帶來無盡的希望與愛。

大師的慈悲智慧與宗教情懷，讓許多人在徬徨無依時，找到心靈的依歸。另一方面，我覺得大師瀟灑豁達、博學多聞，無論是或不是佛教徒，都能從他的思想與觀念上，獲得啟迪。

星雲大師近期即將出版的《星雲法語》，收錄了大師一〇八〇篇的法語，字字珠璣，篇篇雋永。

我很喜歡這套書以「現代佛法修行風」為訴求，結合佛法與現代人的生活，深入淺出地闡釋。尤其富創意的是，以十冊「法語」打造了十把「佛法鑰匙」，打開讀者心靈的大門，帶領我們從不一樣的角度，去發現與體會生活中的點點滴滴。

以〈旅遊的意義〉這篇文章為例：

「……就像到美國玩過，美國即在我心裡；到過歐洲渡假，歐洲也在我心裡，遊歷的地區愈豐富，就愈能開闊我們的心靈視野。

當我們從事旅遊活動時，除了得到身心的舒解，心情的愉悅之外，還要進一步獲得寶貴的知識。除了外在的景點外，還可以增加一些內涵，做一趟歷史文化探索之旅，看出文化的價值，看出歷史的意義。

比方這個建築是三千年前，它歷經什麼樣的朝代，對這些歷史文化能進一步賞析後，那我們的生命就跟它連接了。……」

「我們的生命就跟它連接了」這句話，讓我印象十分深刻，生動描述了「讀萬卷書，行萬里路」，正是一種跨越時空的心靈宴饗。

在〈快樂的生活〉一文中，大師指點迷津。他說：「名和利，得者怕失落，失者勤追求，真是心上一塊石頭，患得患失，耿耿於懷，生活怎麼能自在？」

因此「身心要能健康，名利要能放下，是非要能明白，人我要能融和。」

在〈歡喜滿人間〉這篇文章，大師指出：

人有很多心理的毛病，例如憂愁、悲苦、傷心、失意等。佛經形容人身難得如「盲龜浮木」，一個人在世間上一年一年的過去，如果活得不歡喜，沒有意義，那又有什麼意思？如何過得歡喜、過得有意義？

他提出幾點建議：「要本著歡喜心做事、要本著歡喜心做人、要本著歡喜心處境、要本著歡喜心用心、要本著歡喜心利世、要本著歡喜心修行。」

看到此處，我除了一邊檢視自己在日常生活中做到了多少？另方面，也希望把「歡喜心」的觀念告訴市府同仁，期許大家在服務市民時認真盡責之外，還能讓民眾體會到我們由衷而發的「歡喜心」。

而〈傳家之寶〉一篇中所提到的觀點，也讓為人父母者心有戚戚焉。

大師說：一般父母，總想留下房屋田產、金銀財富、奇珍寶物給子女，當作是傳家之寶；但是也有人不留財物，而留書籍給予子女，或是著作「家法」、「庭訓」，作為家風相傳的依據。乃至禪門也有謂「衣缽相傳」，以傳衣缽，作為叢林師徒道風相傳的象徵。

他認為「傳家之寶」有幾種：包括寶物、道德、善念與信仰。到了現代，書香、善念、道德、信仰更可以代替錢財的傳承，把宗教信仰傳承給子弟，把善念道德傳給兒孫，把教育知識傳給後代。

「人不能沒有信仰，沒有信仰，心中就沒有力量。信仰宗教，如天主教、基督教、佛教等等，固然可以選擇，但信仰也不一定指宗教而已，像政治上，你歡喜那一個黨、那一個派、那一種主義，這也是一種信仰；甚至在學校念書，選擇那一門功課，只要對它歡喜，這就是一種信仰。有信仰，就有力量，有信仰，就會投入。能選擇一個好的宗教、好的信仰，有益身心，開發正確的觀念，就可以傳家。」

細細咀嚼之後，意味深長，心領神會。星雲大師一千多篇的好文章，深刻而耐人尋味，我在此只能舉出其中幾個例子。很感謝大師慷慨分享他的智慧結晶，讓芸芸眾生也有幸獲得他的「傳家之寶」。

在繁忙的生活中，每天只要閱讀幾篇，頓時情緒穩定、思考清明、心靈澄靜。有這樣的好書為伴，真的「日日是好日」！

（本文作者為台中市市長）

推薦序四

佛法與生活及工作結合時

郝明義

對我而言，佛法中很重要的一塊是教我們如何對境練心。換句話說，也就是在生活與工作中修行。

生活與工作，無非大事小事的麻煩此起彼落；無非此人彼人的煩惱相繼而至。所謂對境練心，在生活中修行，就是我們如何調整自己面對這些麻煩事情、煩惱人事的心態、習慣與方法。

在沒有接觸佛法的過去，我憑以面對這些事情與人物的工具，不過是如何借由理性與意志力，來控制自己的脾氣與心情。但光是借由理性與意志力來控制，畢竟是有可及之時，也有不可及之時。敗多成少固然是問題，成敗之間的得失難以判斷，依循規則也難以歸納，則更是令人深感挫折。

但是接觸佛法，尤甚以六祖註解的《金剛經》為我的修行依歸之後，雖然所知十分淺薄，但是光對境練心的這一點認知，已經讓我受益匪淺，知道了如何從根本調整自已在生活中面對煩惱的心態、習慣與方法。

譬如說，以一個出版者而言，這個行業的特質，尤其讓我覺得應用佛法別有心得。和其他行業不同，出版工作永遠要同時面對過去、現在、未來三個課題。今天新出版的書裡怎麼創造些暢銷書，這是要持續注意「現在」的課題；今天就要和作者討論幾個月甚至幾年後出版的書籍寫作內容，預作準備，這是要持續注意「未來」的課題；每一個出版社都要重視自已過去出版的書籍，注意如何讓過去已經出版的書可以持續再版，這是要持續注意「過去」的課題。這種工作中隨時要同時注意「過去」、「現在」、「未來」三種課題的需要，讓我特別體會到佛法可以對我所有的啟發與指引。

又譬如說，六祖的口訣「覺諸相空，心中無念。念起即覺，覺之即無」，讓我體會到其中的「念起即覺，覺之即無」正是「應無所住而生其心」的旁註，可以隨時應用在任何事情，讓自己恢復或保持清淨之心──哪怕是在最繁雜與忙亂的工作中。

雖然因為自己習氣深重，仍然有大量情況是「念起不覺」，來不及調整心態，注意不到要調整習慣，不適應應該採取的方法，而一再讓煩惱所趁，重蹈覆轍，但是畢竟我知道方法是的確在那裡的，只是自己不才，不夠努力而已。固然仍然是敗多成少，但畢竟可以看到比例逐漸有所改善。路途雖然十分遙遠，但是畢竟在跌跌撞撞中感受到自己在走路了。

一個黑戶佛教徒對佛法的心得，重點如此。

《星雲法語》中有著許多在生活與工作中的修行例證。希望閱讀《星雲法語》的讀者，從這本書裡也能得到在生活中修行的啟發與指引。

（本文作者為大塊出版集團董事長）

推薦序五

人生的智慧和導航

趙寧懷感

我一直感恩自己能有這個福報，多年來能跟隨在大師的身邊，學習做人和學習佛法。每一次留在大師身邊的日子裡，都可以接觸到許多感動的心，和感動的事；每一次都會讓我感覺到，這個世界真的是非常的可愛。

大師說：他的一生就是為了佛教。這麼多年來，大師就這樣循循的督促著自己，為此，馬不停蹄的一直在和時間做競跑。大師的一生，一向稟持著一個慈悲佈施、以無為有的胸懷，做大的人，做大的事。如果想要問大師會不會和我們一樣斤斤計較？我想他唯一真正認真計較的事，就是，對每一天的每一分和每一秒吧！

在大師的一生裡，大師從來不允許自己浪費任何一分一秒的時間；無論是在跑香、乘車、開會、會客或者進餐；大師永遠都是人在動，心在想，手在做，眼觀四方，耳聽八方，把一分鐘當十分鐘用；在高效率中不失細膩，細膩中不失大局，大局中不失周全；周全裡，充滿了的是大師對每一個人無微不至的關懷和體貼。

大師自從出家以來，只要是為了弘法，大師從來不會顧及自己的健康和辛苦，數十年如一日，南奔北走，不辭辛勞的到處為信徒開釋演講；只要有多餘的時間，大師就會爭取用來執筆寫稿；年輕時也曾經為了答應送一篇文稿給出版社，連夜乘坐火車，由南到北。大師從年輕就非常重視文化事業，大師也堅信用文字來度眾生的重要。大師一生不但一諾千金，獨具宏觀，不畏辛苦，忍辱負重；在佛教界樹立了優良的榜樣，對現代佛教文化事業得以如此的發達，具有相當肯定的影響力。到目前為止，大師出版的中英文書籍，已經不下數百本。

記得在六十年代的時候，大師鑒於電視弘法不可忽視的力量，即刻決定

侯吉諒繪

要自己出資，到電視公司錄製作八點檔的「星雲法語」；使成為台灣第一個在電視弘法的節目。我記得大師的「星雲法語」，是在每天晚間新聞之後立即播出，播出的時間是五分鐘，節目的製作，即「精」又「簡」；節目當中，配合著簡單明瞭的字幕，聽大師不急不緩的縷縷道來；讓觀眾耳目一新，身心受益。

這個節目播出之後，立即受到廣大觀眾的喜愛和迴響。大師告訴我，在節目播出不久之後，由於收視率很好，電視公司自動願意出資，替大師製作節目；大師從此不但有了收入，也因此多了一個電視名主持人的頭銜。這個「星雲法語」的電視節目，也就是今天所出版的《星雲法語》的前身。

佛光山香海文化公司，精心收集了一千零八十篇的《星雲法語》，即將出版。這一條佛法的清流，是多年來星雲大師為了這個時代人心靈的須求，集思巧妙的運用生活的佛教方式，傳授給我們無邊的法寶。每一篇，每一個法語，星雲大師都透過對微細生活之間的體認，融合了大師在佛法上精深的修行智慧。深入淺出的詮釋，高明的把佛法當中的精要，很自然的交織在生活的細緻之間，用生活的話，明白的說出現代佛法的修行風範，讓讀者有如沐浴在法語春風之中的感覺，很自然的呼吸著森林裡散發出來的清香，在每一個心田裡默默的深耕著。等待成長和收割的喜悅，和著太陽和風，是指日可待的。

今承蒙香海文化公司的垂愛，賜我機會為《星雲法語》套書做序，讓我實在汗顏；幾經推辭，又因香海文化公司的盛情難卻，只有大膽承擔，還請各位前輩、先學指正。我在此恭祝所有《星雲法語》的讀者，法喜充滿。

（本文作者為國際佛光會世界總會理事）

卷一 思想津梁

西諺有云：「建立正確的見解，是對抗錯誤的防腐劑。
因此，有正確的思想，才有正確的人生觀；
有了正確的人生觀，才不會迷失，才能健全人格。

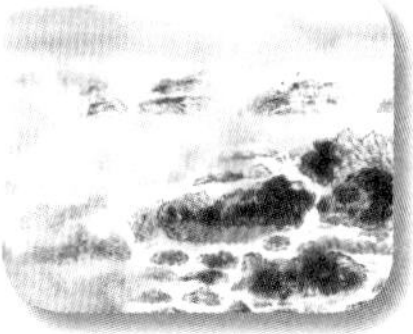

思想成業

人，天生異稟固然很好，但是如孔子的學生曾參，雖然在學習上較為愚鈍，但是他以「別人做一次，自己做十次」來鞭策自己，而且每天反省自己的過失，最後終獲「宗聖」的美譽。由此可知，有了勤奮的毅力、有了遠大的志向，終能步向臻善的人生；最怕的是凡事不肯用心，最後只有與草木同腐朽。所以人世間的物理與事理，甚至人生哲理盡在思慮之中，有了正確的思想，才能帶你趣向臻善的人生，以下就來談談「思想成業」：

第一、水不動者河不清：《春秋》云：「流水不腐，戶樞不蠹」，流水如果不流動，就如一灘發臭的死水，水必須流動才能清淨。錢財也是一樣，用了才能發揮錢幣的價值，否則黃金藏在床底下，其實就跟石頭一樣。

人也是如此，人的思想、知識，都要不斷的更新，生活形態也要常有變化，人際關係也要常有往來，如此才不會故步自封，才能與時俱進而不會被時代所淘汰。

第二、志不強者智不達：很多人常常從小就立定志向，我要做一位工程師、我要做個太空人、我要做一位老師、我要成為醫師……；但是歷經歲月的流逝，在不經意中我們很快就會忘記了自己所立定的志向。王守仁說：「凡學之不勤，必其志之未篤也。」一個有剛毅之志的人，為了達到目標，必定會不斷的克服逆境、突破難關；而一個立志不堅的人，則容易被外物左右其志向，因此所學必定不能成就。

第三、言不信者行不果：孔子說：「人而無信，不知其可也！」一個人如果說話不守信用，承諾的事情不能兌現，他的所行所為一定不會受到肯定，也不會有結果。自己的信用一旦破產，今後不管講什麼話，人家都不會再相信，也不會採納。所以「一諾千金」、「一言既出，駟馬難追」，做人要講信用。

第四、心不思者業不成：人是有思想的動物，一個人如果平時不肯動腦思考、不肯探究事情的道理，所謂「學而不思則殆」，自然學業、事業都不能有所成就。佛教講「以聞思修而入三摩地」，又說「大疑大悟，小疑小悟，不疑不悟。」所以，一個人不管在學業、事業、道業上要想有所成就，凡事要用心思考；能夠深思熟慮，才能深入問題，才能懂得改進，才能讓自己更進步。

一個人的想法正不正確，是決定成不成功的重要因素，人生就是一堂不斷學習的課程，不要輕易說「不」，在行為、心念上，更不要有否定的、負面的思考與行為，所以「思想成業」，值得深思：

第一、水不動者河不清。

第二、志不強者智不達。

第三、言不信者行不果。

第四、心不思者業不成。

思想津梁

佛教主張，人生處世最重要的是奉行八正道，就是正見、正思、正語、正業、正命、正精進、正念、正定。當中的正思是人生旅途中一個很重要的關鍵，人在生起邪或惡的思想時，只在一念之間，一念之差終將萬劫不復。因此怎麼樣才有正思呢？以下提供四點「思想津梁」：

第一、家貧應思良策：家中貧困，有什麼好的方法可以解決呢？應該要懂得勤奮。一個懶惰的人，是永遠不會成功的。俗語說：「懶惰生艱難，苟安生苦楚」，所以做人應該勤勞奮發，努力生產，但不可從事不合道德的行業。只要能克勤克儉、開源節流，能量入為出、支出有度，則能改善家庭生活。除此之外，如富蘭克林說：「有一門手藝，就等於有一份產業。」發掘自己的專才，也是解決家貧的良策之一。

第二、國亂應思忠臣：國家社會秩序混亂了，處於內憂外患的局勢時，政府的領導人應該要用人無私，力請一些忠臣良士，集思廣益，出謀獻略，千萬不可剛愎自用，要有接受諫言的雅量，同時廣徵天下良才而重用之。所謂「疑人不用，用人不疑。」在招賢納士之時，要能既往不究，才能親疏威服，如唐太宗的知人善任，才能造就聲威遠播的貞觀之治；又如周武王，接受太公的諫言，對前朝遺族既往不究，才能成為歷史的盛世。

第三、危急應思善友：假如你遭逢危難之際，除了家人以外，還有什麼人能幫忙你呢？當然是善友。英國哲學家培根說：「友誼的作用是：如果你把一個快樂告訴朋友，你將得到兩個快樂；如果你把憂愁向一個朋友傾吐，你的憂愁將破分掉一半。」所以，善友是能幫助你遠離邪途，是可以讓你道德知識增長的；有困難危急之時，應該請求善友的協助。

第四、枉誤應思正法：假如你被人冤枉，被人誤會了，不必怨天恨地，應該要有正確的想法來紓解心中的不滿。什麼是正確的想法呢？例如認識因果法則，知道凡事都有因果關係，自己所受的果報，必有其來由；懂得因緣所生法，就不會一味怨怪別人。另外也可以自我解嘲，就當成是因為自己優秀才會遭人誹謗，如伊索說：「最有價值之人，最易被人誹謗；最鮮美的果實，最易被鳥啄食。」如此一想，自能釋懷，而不致茶飯不思，放心不下了。

西諺有云：「建立正確的見解，是對抗錯誤的防腐劑。」因此，有正確的思想，才有正確的人生觀；有了正確的人生觀，才不會迷失，才能健全人格。所以，「思想津梁」有以下四點：

第一、家貧應思良策。

第二、國亂應思忠臣。

第三、危急應思善友。

第四、枉誤應思正法。

舉止的典範

什麼是典範？典範是一種引領思考的方向，一種未來人生的光明指標。樹立典範者，他們洞察思潮趨勢，懷抱熱情獻身事業，進而追求智慧，不斷超越，鼓舞並啟發後人。而吾人的舉止上，該為自己樹立什麼典範呢？提出以下四點意見：

第一、思想是智慧的化身：人要有思想，沒有思想，就和機械、草木一樣，不是活的，而是死的。但是，所思所想什麼內容呢？要真、要善、要美、甚至是要有智慧的。你看，過去三教九流學說，帶給當時百花齊放的思想熱潮；佛陀、耶穌、穆罕默德等宗教家，各宗各派，他們的智慧、慈悲、教化，給予眾生依靠、解脫。有思想，才有獨立的思考及判斷的智慧，解決人生各種問題。

第二、道德是行為的典範：儒家的忠孝節義、仁愛和平，是道德，佛教講五戒、十善、四攝、六度、八正道，也是道德；這些道德，是行為的典範，我們所行所為，依著這許多典範，可以做為我們的標準，醫治我們貪瞋大病的良藥，能令我們身心清淨，道德臻於圓滿，在人生的道路上，才不致迷失方向。

第三、進取是成功的象徵：一個人不斷的進修，朝向目標努力，勇猛精進，將來必定成功。漢朝董仲舒，立志向學，三年不窺園，終成一代名儒學者；晉朝王羲之，臨池磨硯，寫完一缸水，成就曠古書法大家。又如過去的讀書人：「十年寒窗無人問，一舉成名天下知。」靠的就是他的進取，積極進取，不斷向上，不斷向前的人生觀，是成功的不二法門。

第四、謙虛是處世的原則：做人謙虛是美德，而謙沖有禮、虛懷若谷更是成功的要素。孔子學富五車，猶「入太廟，每事問」；趙州禪師高齡八十，到處雲遊行腳，向年輕禪者問道，世人不誇青年僧的成就，反而尊重趙州謙虛。何況一般平凡之人，更要懂得在生活的細微處，待人以誠，處世以謙，自然能夠圓融處事。

文天祥在〈正氣歌〉中說：「典型在夙昔，古道照顏色。」一個人舉止動靜，思想言行，都可以是一個典範。以上四點舉止的典範供大家參考：

- 第一、思想是智慧的化身。
- 第二、道德是行為的典範。
- 第三、進取是成功的象徵。
- 第四、謙虛是處世的原則。

尊重的真義

人際之間一旦失去「尊重」，容易衍生子不孝、弟不恭、友不義等問題。如何將「尊重」落實於人際生活呢？以下提供四點：

第一、對長輩間的尊重是孝：孝，是眾德之本，是培養人格的胚胎。《孝經》上說：「孝者，天之經也，地之義也。」自古聖賢一向以孝來修身、持家、治天下，如親嘗湯藥、百里負米、戲彩娛親、扇枕溫衾，此等行徑，便是以「孝」展現對長輩的尊重之心。

第二、對男女間的尊重是愛：「愛不重不生娑婆」，男歡女愛本屬自然，但情愛如水，能載舟也能覆舟，運用得當，則不失為增上的力量；若為「愛」所困，則易產生是非恩怨。縱觀社會，因愛不得而痛苦，而自殺或殺他、潑硫酸，以致家庭破裂，甚至釀成社會問題的多不勝舉。感情必須建立在雙方的互愛及尊重上，才可以維持長久。

第三、對親人間的尊重是義：《禮記》中提到：「父慈、子孝、兄良、弟悌、夫義、婦聽、長惠、幼順、君仁、臣忠十者，謂人之義。」在人倫關係裡，每個人都有自己的責任與義務；彼此之間，都是雙向負責的關係。因此，親人之間，除了相親相愛，還要相互信任、相互尊重，才能和諧共存。

第四、對師友間的尊重是道：佛教的倫理，是「先進山門為師兄」，以「先受戒者在前座」，表示尊重之意；朋友之間以「同參道友」互稱，代表彼此在道業、學業上互相砥礪的法愛。

翻開史冊，伯牙與鍾子期的情誼、舍利弗與目犍連的道情，都是建立在彼此的尊重上，才能歷久彌新。

韓愈以為：「師之所存，道之所存也。」西漢《禮記》亦云：「師嚴，而後道尊。」可見重道即是對師友尊重的一種具體表現。

第五、對眾生間的尊重是仁：孔子曾問宓子賤，單父百姓為何如此擁戴他？宓子賤說：「我視老者如己父，看待孩童如己之子，撫恤孤寡，哀悼喪紀。」宓子

賤以「仁心」尊重單父百姓，而獲得百姓投桃報李之心。人際之間，以仁心為互動的橋梁，就能贏得尊重。

尊重之心，是現今社會最缺乏的，所以殺盜擄掠才會層出不窮。如果人人講孝、講愛、講義、講道、講仁，就是對師長、對親友、對眾生的尊重，人人都能相互尊重，社會自然安樂祥和了。

第一、對長輩間的尊重是孝。

第二、對男女間的尊重是愛。

第三、對親人間的尊重是義。

第四、對師友間的尊重是道。

第五、對眾生間的尊重是仁。

仁義禮智

儒家講三綱五常，講究君臣、父子、夫婦、兄弟、朋友五種倫理，重視仁、義、禮、智、信的德性五常之道。佛教講五戒，戒殺盜淫妄酒，重視從自身的行持到人際關係，擴充至與其他眾生的相處。五常、五戒名稱雖異，精神卻無二致。只要守住五戒，即能落實仁義禮智信五常的實踐：

第一、仁，要憐惜傷痛：五戒中的「不殺生」就是仁的具體表現。上天有好生之德，不僅不殺生且要護生，要憐惜他人的傷痛。對受天災蹂躪地區伸出援手，如：台灣九二一震災、救濟南亞海嘯之難等，對貧病者施以醫藥，讓健康的人出錢，為窮苦的人治病，這些都是仁的實踐。我們不僅稱念「救苦救難觀世音」，自己也要學習做「救苦救難」的觀世音菩薩。

第二、義，要羞恥憎惡：凡是非分的，都不希求；所有不當的行為，都應戒除。佛教五戒中的「不偷盜」就是義。不僅不偷別人有形的財物，連會損及他人名聲、利益的事，也要戒除不做；對於會損及自己品格的惡行惡事，也要戒慎恐懼地防範。《禮記》說：「知恥近乎勇」，若能知恥憎惡，即能近義。

第三、禮，要謙辭退讓：佛教的「不邪淫」戒，就是尊重別人，不侵犯他人的身體。女性遭到侵害，時有所聞，家庭暴力尤其令人遺憾，同吃一鍋飯的家人，有何天大的仇恨要相互凌遲？社會的暴力現象，動不動就操刀子揮棍棒，傷人性命，也是不懂尊重他人。富卻無禮的社會不值得驕傲，唯有大家都知謙恭退讓，才令人稱羨。

第四、智，要辨別是非：《孟子・公孫丑》說：「是非之心，智之端也。」有智慧就能明辨是非。佛教講「不飲酒」戒，就是強調要過智慧的生活。除了不飲酒，強力膠、嗎啡、海洛因、搖頭丸等等毒品也不能沾染。喝酒、吸毒不僅戕害身體，還會惑亂心智，整天喝得醉醺醺的，毒品吃得糊里糊塗、精神渙散，那能明辨是非善惡？

古人說：「仁誼（義）禮知信五常之道。」仁義禮智並非抽象的名詞，而是可以在生活中實踐的。只要遵守佛教之五戒，即能逐步成為具足「仁、義、禮、智」的君子：

- 第一、仁，要憐惜傷痛。
- 第二、義，要羞恥憎惡。
- 第三、禮，要謙辭退讓。
- 第四、智，要辨別是非。

好習慣

有謂：「入蘭芷之室，久而不聞其香」、「入鮑魚之室，久而不聞其臭」，可見習慣對人的影響之大。好的習慣，有助於善心的增長；壞的習慣，則有損自身的修養，因此生活中，應積極摒棄壞習慣，培養好習慣。什麼是「好習慣」？四點意見提供：

第一、能守時不浪費時間：一個社會、團體懂得守時，必定具備良好的秩序與效率；一個人懂得守時，必定為人尊敬，擁有成功的鑰匙。哲學家康德說：「守時是最大的禮貌。」約會守時，是一種尊重，一種信用；工作守時，是一種責任，一種擔當；生活守時，是一種積極，一種護生。守時可以成就大事，懂得掌握時間的人，就擁有了人生！

第二、能守分不冒失犯上：《朱子家訓》言：「讀書志在聖賢，為官心存君國，守分安命，順時聽天。」《唐律》也規定官吏，應小心謹慎，安分守己，做好本職工作。一個人，身為學生，要尊重老師；身為部屬，要尊重長官；身為子女，要尊重父母，懂得守分倫理，就不會越位逾矩，冒失犯上。

第三、能守忍不情緒衝動：《百喻經》有一則譬喻：有一個人家，客人來訪，父親吩咐兒子上街買酒菜。兒子許久未歸，於是父親上街尋找，卻發現兒子正與一人在橋上僵持不下。原來，雙方因為擋住彼此的去路，誰也不肯退讓。父親上前說：「兒子！你先將酒菜帶回去，換我來跟他對一對，看看究竟誰讓誰？」人往往不能小忍，讓情緒失控，失卻自身的身分立場，甚至釀成更大的損失與傷害。蘇洵說：「一忍可以支百勇，一靜可以制百動。」惟有守忍，忍之於口，忍之於面，忍之於心，心中的世界才能更寬廣。

第四、能守道不喪失人格：「君子愛財，取之有道」，「道」就是一種自尊、自愛、自立、自強的人格表現。佛教中，持戒是正道，慈悲是正道，布施是正道；為人處世，也有「安貧守道」、「正己守道」、「立身行道」。伯夷和叔齊恥食周粟，餓死在首陽山，就是一種守道。做人處事，好比汽車有車道，火車有軌道，飛機有航道，人有人行道，都有彼此的「道」，正規正矩者，自然不會失格喪道。

成就大人者，均由小處著手，守時、守分、守忍、守道，點點滴滴培養好習慣，才能受人尊重、欣賞，進而圓滿人格，成就大事。

第一、能守時不浪費時間。

第二、能守分不冒失犯上。

第三、能守忍不情緒衝動。

第四、能守道不喪失人格。

兩極的看法

《莊子》教我們如何觀察人：「遠使之，而觀其忠；近使之，而觀其敬；煩使之，而觀其能；卒然問焉，而觀其智。」在此提出四項鑑人之法，供我們分辨出人際間的是非善惡、好壞得失：

第一、一生一死，即知交情：有些人特別有人緣，朋友遍四海。但是，熱鬧風光中，看似情投意合、肝膽相照的朋友，也不見得是真交情。

當你經歷生死難關，碰到艱困逆境或落拓潦倒時，還能不離不棄、患難與共的朋友，才是真交情。

第二、一貧一富，即知交態：漢武帝時，汲黯在朝中當大官，每天拜訪他的客人很多。後來他因罪罷官，門前冷落，只剩麻雀在覓食。

過不久，武帝重新起用汲黯，過去的客人又紛紛上門了。汲黯感慨地在大門上貼上對聯：「一生一死乃知交情，一貧一富即知交態。」有時，人在富貴時，看似交遊廣闊，門庭若市。等到氣勢稍差或一蹶不振時，卻門可羅雀。在這樣貧富起落中，正是讓人看清炎涼世態與冷暖人情。

第三、一貴一賤，即知人品：有些人當他居高位，享厚祿時，顯出一副不可一世的樣子。等到時運俱衰，丟官去位，就垂頭喪氣，惶惶不可終日。

有些人作勞工時，態度自信而不卑；待努力有成得以居上位時，態度謙虛而不亢。貴賤高下是人性的試金石，可以顯出「寵辱不驚」的高貴。

第四、一迷一悟，即知本性：經說：「迷悟染淨，凡聖之異。」有的人生性顢頇糊塗，行為處事不辨事理，一輩子不是渾渾噩噩過日子，就是張牙舞爪、猖狂無知地到處惹是生非。

有的人心眼玲瓏剔透，處世明理，悟性通達，隨時隨地與人為善。從這些氣質的差別，可以看出每個人品性的不同。

生與死、貧與富、貴與賤、迷與悟，是極端不同的景況。人生不是一成不變，總有起落不定之時，若逢判若雲泥的遭遇，也不用傷感或狂喜，如果能以平常心視之，不僅可藉境練心，也可趁機鑑識人性。

第一、一生一死，即知交情。

第二、一貧一富，即知交態。

第三、一貴一賤，即知人品。

第四、一迷一悟，即知本性。

事物的兩面

凡事都是一體兩面，且有其因果關係，絕非憑空而有。因此天台智者大師才會提出：如是相、如是性、如是體、如是力、如是作、如是因、如是緣、如是果、如是報、如是本末究竟等「十如是」，來探究諸法實相。

要確實明白諸法實相，對大多數人來說或許太深奧，但在為人行事上，至少要有如下體會：

第一、有興趣才有樂趣：根據統計，有將近七成的人，每天工作超過八小時。這麼長的時間，若無法樂在工作，必定相當痛苦。樂趣是從興趣而來，必先有興趣，才有樂趣可言。所以，要儘快培養自己對工作的興趣，才能進而享受工作。譬如服務社會、作義工，先要有興趣奉獻服務，才能在別人認為我們「犧牲享受」時，我們卻充分體會「享受犧牲」的樂趣。

第二、有知識才有器識：大家都希望自己很有氣度，但「氣度」是由知識的累積而來。史家說要看一個人的器識，要「采其言而觀其行，審其意而察其忠」。真正體會仁義、道德，實踐廉恥、忠恕，慢慢地將從書本得來的知識，內化為自己的修養，日積月累，自然能有大器識了。

第三、有度量才有膽量：人所表現的膽量有很多種，有些人的膽量來自無知，如年輕人的「飆車」；有些人的膽量來自經驗，如特技表演者；有些人的膽量，只是膽大妄為，如貪贓枉法；有些人的膽量來自度量，如《世說新語》描寫謝安在淝水之戰時，臨危不亂的膽量，就是來自他恢宏的氣度。有度量的膽量，才是真正的膽量。

第四、有義氣才有正氣：孟子說：「吾善養吾浩然之氣」，浩然之氣就是正氣。要如何培養「浩然之氣」？對朋友要有義氣，對親人要有義氣，甚至對社會、國家、大眾都要講求義氣。你擁有義氣，自然就會正氣凜然了。

我們都希望自己有器識、膽量、正氣，也能充分享受人生的樂趣。但這些氣度都非生而有之，是靠後天的培養：樂趣從興趣中來；洞見的知識涵養器識；弘遠的度量成就膽量；對人間有情有義自能擁有浩然正氣。

- 第一、有興趣才有樂趣。
- 第二、有知識才有器識。
- 第三、有度量才有膽量。
- 第四、有義氣才有正氣。

事之兩面

世間上的事情沒有絕對的好與壞，也沒有絕對的是與非，任何事都有其兩面。世界原本就是一半一半，白天佔一半，留一半給夜晚；有一半是男人，另一半是女人；雖願善念常據心頭，另一半的惡念卻也蠢蠢欲動。李密庵的〈半半歌〉也說：「百年苦樂半相參。」在此提出世事之兩面，供大家細思量：

第一、錢能福人亦能禍人：常言道「有錢有福氣」，錢財的用處甚大，可以讓人不愁生計，優渥過活，更可以做善事，救難濟貧。但俗語也說「人為財死」，有些人為了貪取錢財，作奸犯科，不擇手段；或雖有大量錢財，卻只知過燈紅酒綠的生活，揮霍無度，活得全無意義，反而為錢所禍。

第二、藥能救人亦能殺人：恰當的用藥，能讓人遠離疾病的威脅而恢復健康，延長壽命。但藥品一旦誤用、濫用，卻會危害生命。譬如安眠藥，有人以它解決失眠的痛苦，亦有人以它結束生命。而因聽信偏方，延誤醫療，以致喪身失命的消息，也常有所聞。可見藥能救人亦能殺人，端看如何用藥。

第三、話能慰人亦能傷人：「良言一句三冬暖」，一句好話能安慰人，讓人歡喜，讓人得到鼓舞。「惡言一句六月寒」，一句不得體的話，也會讓人傷心難受，士氣全無。「一言興邦，一言喪邦」，人都有一張口，如何善用，就看自己的智慧。

第四、學能用人亦能障人：擁有學問，能懂得許多知識，小則可以自受用，大則可以造福社會人群。但如果太固執自己所知悉的學問，也可能以成見、偏見看待世間事，至此，學問反成所知障。因而連孟子都說：「盡信書，則不如無書。吾於武成，取二三策而已矣。」

世事難求全，雖無法要求人間盡善至美，但願大家把握好的一半，改善壞的一半。比方說：用我們的錢財來福利人，我們的藥都是救人，說的都是善言良語，以豐富的學問匡時濟世。如此，在這佛一半魔一半的世界，也算是向佛遠魔了。

第一、錢能福人亦能禍人。

第二、藥能救人亦能殺人。

第三、話能慰人亦能傷人。

第四、學能用人亦能障人。

事物之理則

世上每樣事物，都自有理則；每件事情的成敗，也自有道理。月有陰晴圓缺，是天文的自然現象；人有悲歡離合，是緣起性空的普遍法則。樹木榮枯自有其理，人間貧富亦自有其因。在此略舉四點事物的理則：

第一、木有根則榮，根壞則枯：花草樹木，如果根群健壯，枝椏樹葉就會茂密豐盛；如果根腐爛，枝葉就會乾枯凋萎。人也有根本，父母是家族的根本，勤勞是富足的根本，用心是事業成功的根本，精進是修行的根本。每一個人都要注重自己的根本，在根本上下工夫，切莫捨本求末，徒勞無功。

第二、魚有水則活，水乾則死：魚蝦靠水維持生命，只要有水，魚蝦就能存活；如果水乾涸了，魚蝦就只好等著進枯魚之肆。空氣之於人，就如水之於魚蝦，人如果生活在空氣污濁的環境中，就如同生活在爛泥塘的魚蝦，雖能存活，卻活得委屈而不舒坦。因此要注重、愛護我們的環境，不要毫無顧忌的污染，否則，恐怕不久之後，人類要尋一處理想的居處，也不可得了。

第三、燈有膏則明，膏盡則滅：油燈要有油，才能續明；電燈要有電，才能發亮。如果沒有油、沒有電，燈就會自然熄滅。一個人過於自滿，不求進步，不吸收新知，久之，就會如膏盡電絕的燈，無法發光發亮。朱熹〈觀書有感〉說：「半畝

方塘一鑑開，天光雲影共徘徊，問渠那得清如許？為有源頭活水來。」我們要不斷充實自己，心靈活水，才會源源不盡。

第四、人有信則立，信喪則敗：一個人能受他人的重視與尊重，講究信義、信用，是重要的因素。子貢請教孔子從政的要點，孔子說：「足食，足兵，民信之矣！」子貢又問三項中哪項最重要？孔子說：「民無信不立。」從此可見「信」的重要。「信」是做人的根本，信喪之人，必定要失敗的。

事物的理則當然不止四點。袁康說：「聖人見微知著，睹始知終。」有智慧的人，自然能從細微的事物中，觀察到大道理；從一個例子中，而推知曉喻其他事物。希望大家能舉一反三，聞一知十，深思各項事物的理則，而擁有更豁達、更精進的人生。

- 第一、木有根則榮，根壞則枯。
- 第二、魚有水則活，水乾則死。
- 第三、燈有膏則明，膏盡則滅。
- 第四、人有信則立，信喪則敗。

事理情法

世間上的人都歡喜講「理」，所謂事有事理、道有道理、情有情理、法有法理，什麼都有理。在事理情法裡，我們應該要注意什麼呢？有四點意見：

第一、家事、國事、世間事，事事關心：古人說：「風聲、雨聲、讀書聲、聲聲入耳；家事、國事、天下事、事事關心。」有一個年輕人喝完汽水，就把空罐子任意一丟，跟後一位老婆婆看不過去，命令他撿起來，年輕人不服氣：「關你什麼事？」老婆婆說：「怎麼不關我事？你亂丟東西，製造垃圾，污染環境，我們社區的房地產會跌價，這就跟我有關係！」今日的社會，都是眾緣所成，沒有一樣事物，與我們沒有關係，這就是「共生」。共生和解，才能「吉祥」。所以說，無論是家裡的事、國家的事、世間上的事，我們都要「事事關心」。

第二、倫理、地理、天下理，理理有則：世間萬象，深入的觀察就會知道：天有天理，地有地理，人有人理，物有物理，情有情理，心有心理，任何一件事物都有其各別的「理」。每一種理都有原則，不是「公說公有理，婆說婆有理」，而是要大家承認，才能通情達理。今日社會的混亂，就是因為理則不張，當你違背理則，當然無法「去處盡通」了。

第三、感情、親情、人間情，情情昇華：世間做人都有情感生活，有親情、有愛情，有朋友之情、同儕之情、師徒之情，乃至長官與部屬、長輩與晚輩等等，不管哪一種情，都要「情情昇華」。昇華是以智化情、以慈導情，昇華的感情是一種尊重、一種體貼，它不是佔有，不是私愛，讓感情昇華成為慈悲、成為智慧，這種感情就更擴大、更可貴了。

第四、世法、佛法、出世法，法法道同：世間講法律，佛法也有戒律，「五戒」就是戒律和法律共同的地方。有人以為佛法不是世間法，事實上「佛法在世間，不離世間覺」，佛法是涵容世間諸法萬象的。也不要以為出世法是脫離世間，佛教出世的思想並不是離開世間，而是一樣的生活，一樣的食衣住行、行住坐臥，只是在思想上及心境上太一樣，這就叫做出世。所以惠能大師說：「離世覓菩提，猶如求兔角。」離開了世間法，也就沒有出世間法可言。因此，世法、佛法、出世法、法法道同，法法相關，可說是「方便有多門，歸元無二路」。

世間一切原則，離不開「事理情法」，這四點，可以讓我們邁向圓融。

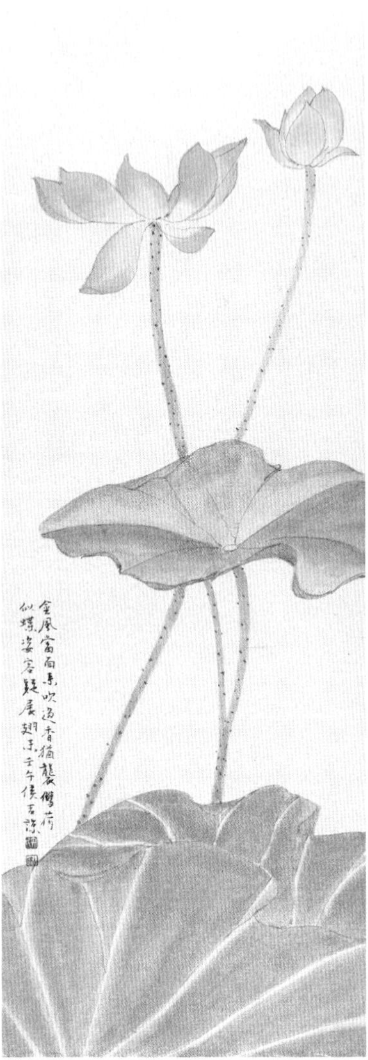

第一、家事、國事、世間事，事事關心。

第二、倫理、地理、天下理，理理有則。

第三、感情、親情、人間情，情情昇華。

第四、世法、佛法、出世法，法法道同。

事上的態度

古人拜師學藝，總要不計辛勞承事師者，三年五載，才能獲得傳授；佛教也有說，比丘應對上座大德，要恭敬順事，勤求法要，學道才會有所成。在社會上、團體裡，我們被人領導，就是一位「事上者」，我們應該抱持什麼態度呢？有四點：

第一、廉不言己貧：「居之忠信，行之廉潔」是君子的行儀。你能廉潔，你不貪污，你不愛財，你奉公守法，這固然很好；但是，更超然的是，一位真正清廉的人，他不言身貧，不道己無，不必天天哭窮，也不須日日喊苦，以廉自持，自然獲得好評。

第二、勤不言己苦：你在一個地方服務，你很勤勞、你很熱誠、你很精進、你發心、服務，這些都是非常重要的條件。但更要緊的是，你能「勤不言己苦」。你不能天天強調：「我做了多少」、「我付出多少」、「我很辛苦」、「我很吃虧」……那就不是一位真正的勤勞者。真正的勤勞者，無論如何的辛苦，如何的艱難，他都有力量承擔下來，不會掛在嘴邊，要人注意，要人安慰。

第三、忠不言己好：你是一個忠臣嗎？是一位忠臣，就不要常常表示：我是如何忠心耿耿、我自己怎麼好、怎樣優秀、怎麼具有道德，有什麼條件……這些都不必掛在嘴邊，四處宣揚。你的忠誠與否，從你的表現中，主管自然就會知道。

第四、功不言己能：你立下汗馬功勞，做了很多建設，功勞再多，也不可以拿翹，你要把光榮、功勞歸於領導人，他才會更欣賞你。歷史上，韓信雖功高震主，卻向劉邦請求自立為假齊王，埋下被貶之因；馬謖才氣過人，好論軍計，卻自作主張，以致大敗，不得已，孔明只有揮淚示斬。所以說，事上者，功不言己能。

一個事上者，理由不必太多，要廉、能勤、能忠、建功，這都是本分事。如何得到領導人對你的欣賞。以上這四點事上者的態度，不能不知。

第一、廉不言己貧。

第二、勤不言己苦。

第三、忠不言己好。

第四、功不言己能。

理的重要

所謂「有理走遍天下，無理寸步難行。」佛陀之所以成佛，是因為佛陀能和真理相應，是真理的體現者。天台宗諦觀大師說：「良以如來依理而立言，遂令群生修行而證理。」意謂如果我們能明白聖賢之理，依之修

行，我們就是聖賢。我們能明白人天之理，我們當下就是人天。假如我們不明理，只有貪瞋、愚癡、邪見，那麼就是地獄、惡鬼、畜生的世界了。所以「理」對我們

做人做事是很重要的。

第一、立志研究真理：我們到世間一趟，名利是一時的，權位也是一時的，只有研究真理才能真正屬於我們。獲得真理不但今生受用，來世也會有用。比如孔子，他說：「朝聞道夕死可矣。」佛經亦記載，佛陀的前身為雪山童子，為求得四句真理：「諸行無常，是生滅法，生滅滅已，寂滅為樂。」捨身予羅剎，因而提早二十劫成佛。所以古來成就聖賢之人，必定是立志鑽研真理而不輟的人。

第二、處事依據道理：我們在應對人際關係和處理事情的時候，要合乎道理，如果不知應對進退之處事道理，就不能把人做好，把事辦好。若以因緣道理從事者，無有不成。

第三、行為遵循倫理：人世間因為有倫理才能維繫社會秩序；宇宙間因為有倫理才有真理可循。中國人最注重倫理道德，宋代理學家朱熹在白鹿洞書院揭示：「父子有親，君臣有義，夫婦有別，長幼有序，朋友有信。」說明人倫關係的道德準則，假如喪失了人倫綱常，即不能稱之為人了。佛教以十法界「佛、菩薩、聲聞、緣覺、天、人、阿修羅、地獄、餓鬼、畜生」揭示宇宙間的倫理關係是自業自受。所以我們的行為要遵循倫理，方能維繫真理之道。

第四、做人要能明理：世間人有錢不明理，只是個暴發戶；當官不明理，只是個酷吏；商人不明理，只是個不知回饋社會的商賈；教師不明理，只是個自私自利的教書匠，所以做人最重要的是明理。明什麼理？明是非善惡之理，明權衡輕重之理，明前後因緣之理，明陰陽盈虧之理，明上下古今之理。無理不明，無理不曉，做人就能圓融通達無礙了。

「理的重要」有四點：

- 第一、立志研究真理。
- 第二、處事依據道理。
- 第三、行為遵循倫理。
- 第四、做人要能明理。

通情達理

做人要通情達理，人生才沒有阻礙；做事要通情達理，事業才能順利成功。如何才能通情達理？茲有五點意見：

第一、為學要通識：做學問不能自我局限，只知其一不知其二；做學問，要研究很多的相關的知識，扎下厚實的根基，才能日益精博。所謂「世事洞明」、「人情練達」都是探取學問，著作文章的重要媒介。

第二、能力要通才：從前我在大陸看人家蓋房子，他既會做木工，也會做泥水工，還會做油漆工，可以說只要你把蓋房子這件事情交代給他，他就能幫你完成建築、水電、裝潢等種種瑣碎事，都是一人包辦。但是現在社會進步，分工越來越細，卻造成有的人只會其一，不懂其二。然而，儘管時代進步，社會分工很細，但是我們的工作能力，還是要通才一些比較好。

第三、人際要通情：人我之間要通情，否則縱使朋友有很好的職務因緣，可以幫助你開拓事業，但是想到你不能通情達理，他乾脆不同你講；長官要賦予你重要任務，一旦認為你不能圓通變化，他也不敢給予你升遷的機會，這時候你的損失就很大。

第四、個性要通達：人都有個性，有的人個性很粗獷，有的人個性很細膩，無論是什麼個性都不要緊，就怕個性不通達。比如，和人相處時，只知自己有個性，卻不尊重、包容別人的個性，如此不通達的個性，就會讓人視你為不講理，而不願與你來往，這是非常很可惜的！所以一個人的個性要圓融、方便一些，是非常重要！

第五、求道要通理：我們信仰宗教，對於你所信的這個「真理」要能通達，不能籠統視之，認為「三教同源」、「五教一體」而不能正確了解一個宗教的教主、教理、教團、教制之異同。更不能執著自己所求之「道」，所謂「道」者，中道也，亦即「不生不滅，不斷不常，不一不異，不去不來」之中正不偏的意思，你能通達這個求道的理嗎？

「通情達理」我們有需要知道的有五點：

- 第一、為學要通識。
- 第二、能力要通才。
- 第三、人際要通情。
- 第四、個性要通達。
- 第五、求道要通理。

遵循真理

天有天理、地有地理、人有人理、物有物理、心有心理、情有情理；任何事物，皆有其「理」，但是總要合乎真理，不能違背真理。什麼是真理？所謂真理者，必須合乎平等性、普遍性、必然性、永恒性。而進入真理是必須講究層次的，什麼是進入真理的層次呢？以下有四點，提供吾人參考：

第一、先用考察的心來求取真理：考察的心就是抉擇、判斷的心。意指以智慧來研究或辨別任何事物的真偽，經過這個考察就可以知道是否合乎真理。考察的精神，又如胡適之博士所說的：「大膽假設，小心求證。」那麼我們可以用什麼方法來考察呢？佛法教導我們要以三法印「諸行無常、諸法無我、涅槃寂靜」來印證、考察是否為真理。

第二、次用認同的心來保有真理：所謂認同真理，意謂認同這個真理是確確實實的；是一個有歷史傳承的；是大眾普遍認同的。因為認同，就會對它產生信仰。譬如佛陀，證悟真理，他自己本身就是一個真理的體現，你能認同，就能見到真理。

第三、再用信仰的心來享用真理：我們對於真理的態度，要去除懷疑的心理，堅定其信仰。《法句經》云：「信能得道，信能度淵，士有信行，為聖所譽。」所以用信仰的心，就能享用真理的寶藏。如《有部毘奈耶》所載：「信為丈夫最聖財，善法常修能利樂。」

第四、更用服從的心來遵循真理：禪宗祖師對待學人，道得三槌棒，道不得亦是三槌棒，以無情對有情，以無理對有理，意思就是要「打得念頭死，許汝法身活。」你能服從這樣的真理嗎？你能「自依止、法依止、莫異依止」嗎？你能「依法不依人、依義不依語、依智不依識、依了義不依不了義」嗎？如果能做到，才算是服從真理。

因此「遵循真理」有以下四個層次說明：

- 第一、先用考察的心來求取真理。
- 第二、次用認同的心來保有真理。
- 第三、再用信仰的心來享用真理。
- 第四、更用服從的心來遵循真理。

各具特質

社會上，士、農、工、商，各有各的特質；男女老少，也各有各的特質，甚至出家人、在家眾，也都各有各的任務，各有各的特質。要如何表現各自不同的特色與優點呢？有四點提供參考：

第一、男人要有幽默感：有個笑話說，丈夫，就是婚後在你面前，總是像個大老爺一樣，發號施令的那個人。如果你是男人，不要每天板著冷面孔，自以為是的頤指氣使。男人應該有幽默感，對於每天為家事忙碌辛苦的太太、兒女，有時候開個玩笑，或者給他們幾句鼓勵、安慰、感謝的話，或者偶爾送一些小禮物。如此，必定能帶給家庭歡樂、幸福、溫馨的氣氛。

第二、女人要有溫柔性：過去的女人是以年輕、多產來博取先生的心。現代的女人須用溫柔體貼、善解人意來贏得丈夫的愛。女人如果失去了溫柔，就不像女人。丈夫在外打拚，回到家，如果太太能用溫柔、讚美的言詞慰問他的辛勞，用美味的飯菜滿足他的胃口，會讓他覺得家庭很溫暖。反之，如果太太每天嘮叨不休的疲勞轟炸，只會讓他下了班，不願回家，在外滯留了。

第三、兒童要有接受心：為什麼有的兒童不會讀書，考試成績不好？因為他不會接受。就像天降甘露，卻沒有把瓶子的蓋口打開，沒有接受，自然無法得到甘露法水。當兒童的，應該懂得接受老師、父母的言教。做父母的也應教育孩子養成接受的性格；有接受心的兒童，他將來才會進步，才能成長。

第四、青年要有創造力：青年是人一生當中的黃金歲月。黃金的年齡，有無比的熱誠、勇敢，且思想發達、富有創造力及生命力，所以應該為未來的事業，用心創造、盡力發展。佛教中，有很多傑出人物都是在青年時期成就事業的，如佛陀三十一歲成道，度化了無數的眾生；僧肇大師三十一歲前完成《肇論》；玄奘大師二十八歲橫渡八百里流沙至印度取經，不但豐富了中國佛教，也為後代提供了寶貴的文化遺產。因此青年要有創造力，創造出自己的價值、特色及前途。

這個社會如果男人都充滿幽默感，必定會減少很多家庭糾

紛；如果女人都能溫柔體貼，必定能為社會增加穩固的力量。

兒童如果能虛心受教，日後必能成為國家的棟梁；年輕人如果懂得珍惜時光，發揮創造力，必能拓展生命的價值。

第一、男人要有幽默感。

第二、女人要有溫柔性。

第三、兒童要有接受心。

第四、青年要有創造力。

自然原理

世間上任何一件事物都有其各別的「理」，如天理、地理、人理、物理、情理、心理，乃至修行的道理等。一個人希望自己有所進步、擴大、昇華，也有他的理則，以下提供六點自然的原理：

第一、動而後有力：人活著就要勞動。你覺得身體柔弱、體力不夠嗎？可以從事體能性的休閒活動，如散步、慢跑、游泳或者登山踏青等，除了鍛鍊體魄外，還可以訓練恆心毅力、培養突破困難的勇氣等。多一些活動，耐力、氣力自然就跟著來了。

第二、靜而後能明：現代人由於生活壓力大，容易隨著環境變化而浮躁不安。心一浮動，就像平靜的湖面投下巨石，泛起漣漪，不能如實映照景物。佛教講「定而後發慧」，在每日的生活中，你可以安靜在一個地方，或者閱讀、寫作，甚至幾個小時不動，以寧靜對治動亂，心就容易澄澈如鏡，清明乍現了。

第三、大而後能容：包容是促進人類和平的良方；再好的人也有短處，要彼此包容、諒解，「觀德莫觀失」才是人我相處之道。因此，不論是事業或是交友，你想要大、想要多，你的心量必須擴大，凡事都能夠容納，才容易成就。

第四、空而後能有：佛教講：「真空生妙有」，一個茶杯不空，茶水要倒在那裡？一個皮包不空，錢財放在那裡？一個房子不空，怎麼能夠進住、布置物品呢？假如你的心量不空，又怎麼能夠擁有一切？所以要空而後才能有。

第五、虛而後能實：無論做人做事，都要留一點餘地。不要像拳頭，統統打出去，就沒有氣力了。所謂：「勢不可使盡、話不可說盡、福不可享盡」，你給別人留一點空間，留一些機會，凡事不必盡其在我，留一點保有實力，才能蓄勢待發。

第六、知而後能行：無論什麼事理、學問，必須要有真知實學，然後才能去實踐。《增一阿含經》說，有智慧的人，對於未知之事，不貿然行事；對於已知且應該做的事，必定盡力完成。追求知識的目的，是為了在生活上能實踐，倘若知而不行，到最後只是一事無成、空談一場。

「法不孤起，仗境方生」，世間上的事物都不是憑空而有。學習數學，要懂得數字的理則與運算邏輯；要活用哲學，必須

以理智探討，思索宇宙萬事萬物的原理，這都是自然的道理。人生要有所增長，以上這六個「自然原理」，是可以遵循的方向。

第一、動而後有力。

第二、靜而後能明。

第三、大而後能容。

第四、空而後能有。

第五、虛而後能實。

第六、知而後能行。

防範感官之病

人吃五穀雜糧賴以維生，身體由毛髮、皮膚、血肉、筋脈、骨髓等三十六種物質聚成，豈能不病。當我們的眼、耳、鼻、舌、身發生生理病變時，可以找醫生治療，身根就能恢復健康；但是感官偏離正道的時候，應該要怎麼辦呢？感官有哪些重病，需要如何防範呢？

第一、防耳目混淆視聽：眼睛和耳朵是負責視覺和聽覺的工作，但是眼睛、耳朵常常混淆視聽。例如：眼貪諸色，如蛾撲火；耳隨外聲，心生惑著，顛倒攀緣，曲解事實。所以耳目的修行，用在視聽自己時要檢討過失；用在視聽他人時要見賢思齊；用在視聽世界時要拓展眼光；用在視聽未來時要建設人間淨土。

第二、防口舌顛倒是非：口舌貪著美味，殺食眾生；尤以口舌顛倒是非，當說不說，不當說而說，法說非法，非法說法，妄言、綺語、兩舌、惡口，都是口舌之過。所以我們要將油嘴滑舌、搖唇鼓舌、碎嘴碎舌、饒舌調唇、唇槍舌戰，改為為民喉舌、舌粲蓮花，乃至學習佛陀出廣長舌教化眾生。

第三、防手足搖擺不定：我們的身體有懶惰、殺生、偷盜、邪淫的習氣毛病，這些惡不善法，皆因心中妄念很多，致使手足搖擺，散亂放逸。心既不安，身豈能安？所以守身攝意，能防手足搖擺不定。

第四、防心腹背離正道：《法華三昧寶懺》載意根之業：「心念不善，貪著諸法，狂愚不了，隨所緣境，起貪瞋癡，妄想分別，引生無量無邊的惡報，是一切生死根本眾苦之源。」因此，攝心守意，以防心腹背離正道，唯依正道而行，才有幸福的人生。

如何防範感官之病？我有六根清淨詩，提供大家參考：「雙腳踏遍大地山河與法界，雙手緊握時代動脈與人心；心中常想佛陀聖德與自己，口舌常讚十方聖賢與法語；耳朵常聽清靜梵音與經教，眼睛常看世界萬象與眾生。」

防範感官之病，有以下四點：

第一、防耳目混淆視聽。

第二、防口舌顛倒是非。

第三、防手足搖擺不定。

第四、防心腹背離正道。

懶惰的過失

經典說，懈怠懶惰的人，有六種過失：一是不肯作務，二是不肯勤修，三是喜好美味，四是妄想紛飛，五是受人輕視，六是事業無成。這是因為懶惰者有太多的理由，例如：時間還早、時間太晚、天氣太冷，手凍腳凍；天氣太熱，汗流浹背；甚至吃飽飯，胃部負擔太大；飢餓了，沒有力氣工作等等，都可以用來做藉口。總之，一懶，就會養成不好的習性，造成過失：

第一、懶惰是貧窮之因：俗語云：「早起的鳥兒有蟲吃。」鳥也得起得早才有得吃；無論是什麼人，一定是勤勞才有所得，所謂：「葡萄架下有黃金」，那也是靠人辛勤地翻土、施肥除草，才有纍纍果實。《中阿含經》說：「懶惰者不經營作事，作事不營則功業不成，未得財物則不能得，本有財物便轉消耗。」勤則家興，懶則家傾，無論從事何種工作，總要認真，遊手好閒者，只好等著喝西北風了。

第二、懶惰是萬惡之源：工作是神聖的，懶惰則是罪惡。懶惰者每天遊手好閒，不務正業，只想坐享其成。他連好話都不肯講，好事也不肯做，凡是與人有利的事，都不參加，等著享受別人辛苦勞動的成果。當家產消耗殆盡，心志怯弱的，只有落拓乞討，成為社會的負擔；刁蠻悍戾的，偷拐搶騙他人的財物，造成社會不安，懶惰怎麼不是萬惡之源呢？

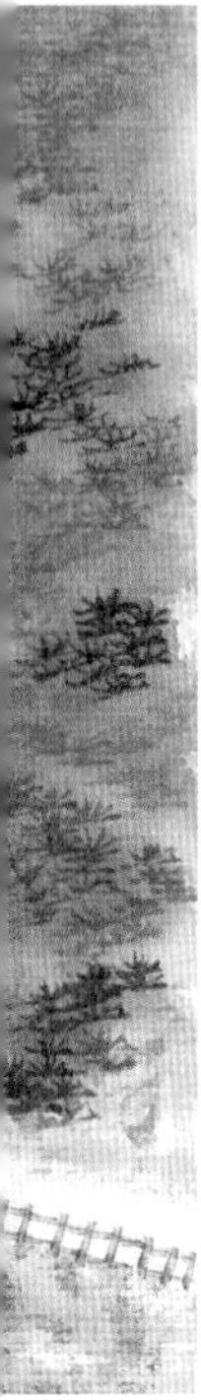

第三、懶惰是德行之墓：周公理政，一飯三吐；仲尼讀書，韋編三絕，匡衡鑿壁，車胤囊螢，這些都是傳頌千古

的勤學佳話，從來未曾聽過有人因懶惰而美名留世者。懶惰的人，道甫不彰，懶惰的人，人見人惡，最後只有把棺材當作終點，人生一無所有。人身難得，雖無法留名於萬世，至少也要努力使自己的德行更臻圓滿，豈能因懶惰而善行不為，虛過此生？

第四、懶惰是人生之患：人身是升沉輪迴的樞紐，勤勞的人憑藉努力，物質生活不缺乏；勤於善行，努力奮發，不僅提升品德，也會有美好的未來。如果懶惰懈怠，好吃懶做，甚至為圖享受，為非作歹，身陷囹圄，自毀前程，情況也就不遠了。因此，懶惰可以說是人生最大的過患。

古人說：「勤耕播種般般有，懶作生涯件件無。」懶惰是成功的大敵，是墮落的肇因，不想虛度此生，必要徹底改正懶惰的習性，以這四點懶惰的過失，作為吾人的警惕。

第一、懶惰是貧窮之因。

第二、懶惰是萬惡之源。

第三、懶惰是德行之墓。

第四、懶惰是人生之患。

清末名將曾國藩曾寫信教誡部下：「治軍之道，以勤字為先。身勤則強，佚則病；家勤則興，懶則衰；國勤則治，怠則亂；軍勤則勝，惰則敗。」勤則興，懶則窮，大凡懶惰的人，不僅是治軍，士、農、工、商，乃至各行各業，必定無有出息，只要染上懶惰的習性，必定一生無成。為什麼說「懶則窮」呢？有四點如下：

第一、士懶，終身布衣窮愁潦倒：一個讀書人懶惰不讀書，那必定是求功名，功名無望，求學問，學問無成。或者一個人只是讀書，不問世事，不肯廣結善緣，你沒有其他的因緣，福德因緣不具備，就是再有學問、再有智慧，沒有助緣，也可能終身布衣窮愁。因此，不管是那一類的讀書人，若能成功，一定是勤奮所致，若是懶惰，必定窮困潦倒，鬱鬱終生。

第二、農懶，荒廢耕耘食不果腹：俗諺說：「人勤地不懶」，一個勤勞農夫，春耕夏耘，秋收冬藏，只要辛勤，用汗水，能把荒田灌溉成寶地，用雙手，能把貧土種出好成果。相反的，一個懶惰的農夫，廢耕懶耘，儘管地力再肥沃，也會成為雜草叢生的荒地，田裡草盛禾苗稀，怎能期待收成好、得溫飽？

第三、工懶，日無收益一無所有：所謂「工欲善其事，必先利其器」，其實，每個人最大的利器，就是你的心。意志力堅強的人，不論做什麼事情，都會專心一致，勇往直前，努力完成。一個人若

沒有心，慵懶頹廢，即使有再大的資源，遇再好的機緣，得到旁人再大的幫助，也不會有所成就，終究落得一個窮字。

第四、商懶，積聚萬貫到頭成空：企業能成功，必須憑藉靈活的頭腦、敏銳的眼光、細心的判斷和果決的執行力，這些都是從「勤」字而來，勤於動腦，勤於分析，勤於累積經驗，勤於廣結善緣。一個

從商者，只是守持父母留下的企業，頂多維持現狀，假如他又懶惰，只是吃喝玩樂，毫無作為，不善經營，不知道發展業務，即使父母留下萬貫家財，很快地，就會「坐吃山空」了。

《大般若經》說：「諸懶惰者，於諸善法及諸勝事，皆不能成。」修道者懶惰懈怠，修行當然無法成就，世間上的營生事業，也是如此。如果放任自己，增長懶惰習性，必定遭致窮困潦倒的後果。在此提出懶惰的弊害，供各行各業參考：

第一、士懶，終身布衣窮愁潦倒。

第二、農懶，荒廢耕耘食不果腹。

第三、工懶，日無收益一無所有。

第四、商懶，積聚萬貫到頭成空。

善惡論

《三字經》說：「人之初，性本善。」人的本性，究竟是善的呢？還是惡的呢？孟子主張「性善」，荀子主張「性惡」，佛教則認為，人性除了善、惡以外，還有一個無記性，也就是介於不善、不惡之間。到底人性的善惡如何，對於「善惡論」，有四點說明：

第一、無善無惡是人的本性：人的本性是善是惡，各有所見。但即使是孟子主張「性善」，也只是說明「人性向善」。也就是說，人有趨向「善」的潛能，但終究不是本質，所以他說：「人性之善也，猶水之就下也；人無有不善，水無有不下。」因此，平常所謂「近朱者赤，近墨者黑」，可見人的本性不是善、也不是惡，是無記性的。因為無記性，所以人可以成佛，也可以成魔。這當中是善、是惡，就看是受了什麼環境、因緣所引發，所以有時候教育、環境、修行，都可以影響一個人，這也就是孟母要「三遷」的原因了。

第二、有善有惡是人的真情：人有喜、怒、哀、樂、愛、惡、欲等情緒，可見人都有善與惡的本能。有的人見人行善，他就心生感動，進而升起學習、效法的心，此即所謂「見賢思齊」；有的人見到好事、善事，他不但不歡喜，反而心生反感。大致說來，對於自己所歡喜的人與事，比較容易從善如流；對於自己不喜歡的境，自然心生排拒，甚至生起嫌惡之心，這都是緣於各人的情緒與情感的作用所致。

第三、改惡遷善是人的功夫：人都有善與惡的潛能，一時的善惡不是絕對的，因此即使是十惡不赦的人，只要他肯「放下屠刀」，一樣可以「立地成佛」；即使是一個殺人不眨眼的惡魔，只要他有決心「痛改前非」，一樣「善莫大焉」。所以雖然「江山易難，本性難移」，但難移並非不能移，只要肯下功夫改惡遷善，一樣可以成聖成賢。因此，每個人都應該要不斷的變化氣質，不斷的淨化身心，不斷的改惡遷善，這就是修行。

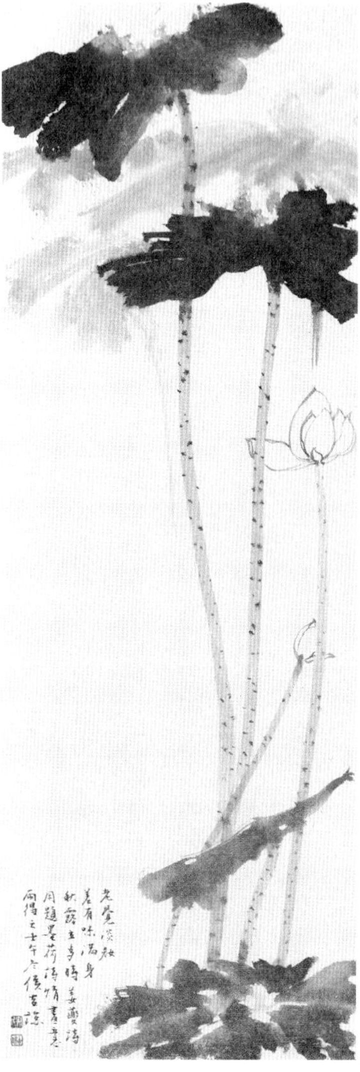

第四、從惡昧善是人的習氣：佛經指出有五種「非人」：應笑而不笑、應喜而不喜、應慈而不慈、聞惡而不改、聞善而不樂。一個人在好的環境、好的團體裡，但是他不能與善因善緣相應，不接受善人、善事、善言，反而昧善從惡，就等於枯枝敗葉終難成材。所以人的習氣，尤其是不好的惡習，要自我改善，否則終難得救。

人的善惡，無有定論；是善是惡，往往在一念之間。一念善惡，天堂、地獄立現。所以對於「善惡論」，有四點：

第一、無善無惡是人的本性。

第二、有善有惡是人的真情。

第三、改惡遷善是人的功夫。

第四、從惡昧善是人的習氣。

貧窮富貴

你會看人嗎？你對人的好壞、善惡、尊卑、貴賤是怎樣的看法呢？一個人的修養有無，德行如何，怎樣分辨高下呢？當人處在「貧窮富貴」時，從他的言行取捨，就能看出端倪來。以下四點說明：

第一、貧人視其所取：貧窮是罪惡的溫床，有的人貧困久了，窮怕了，一旦有發財的機會，他就不擇手段；甚至暗地裡千方百計，處心積慮，就想發財賺錢，當然更是顧不得道德與否。但是一個有德的人，沒有錢不足慮，就怕沒有道，縱然貧無立錐之地，但他安之若素，對於不當、不義之財，毫芥不取。所以貧得有骨，貧得有格的人，雖貧猶富。

第二、窮人視其所為：所謂「人窮志不窮」，有的人雖然窮苦，但他不作賤自己，不自怨自艾，不自卑自憐；他立志奮發，力爭上游，他雖然窮苦，但所作所為，都有正義，都有正見，都有正行，都能合乎「非禮勿視、非禮勿聽、非禮勿言、非禮勿取、非禮勿為。」能夠窮而窮得有人格、窮得有道德的人，非聖即賢。

第三、富人視其所與：有的人很有錢，但是有錢並不代表有德，有錢也不代表有智慧，有錢更不代表有人緣。有錢的人要看他如何用錢，有的人縱使懂得布施，也還要看他如何布施。如果布施是為了沽名釣譽，或是布施的對象只限於自己所愛、所好，這種「有所得」的布施功德有限。懂得將錢財用於利益國家社會，利益一切大眾，這才是智者所為。

第四、貴人視其所舉：人的尊卑貴賤，不在於他是否居高官、享厚祿，而在於他的舉措行為，是否能綻放人性的光輝，是否能懷有悲愍眾生的人格節操。有的人官位很高，但行為卑賤，有時連乞丐都不如；有的人雖然地位卑微，但他的道德風骨，能夠為人表率，這才是真正高貴的人。

因此，一個人的「貧窮富貴」，並不是看他的財富多少、地位高低，而在於他的為人如何。貧窮的人懂得潔身自愛，懂得立志向上，則人窮志不窮，在道德上來看，他仍是富有的人。一個位高權重、富甲一方的人，懂得利用自己的財富地位去服務大眾，造福人群，他才是一個真正高貴的人，才是一個真正富有的人。所以「貧窮富貴」有四點：

第一、貧人視其所取。

第二、窮人視其所為。

第三、富人視其所與。

第四、貴人視其所舉。

貧富貴賤

人的道德操守、身分地位，形形色色，萬象百態；有賢愚忠奸、有貧富貴賤、有正義直言、有猥瑣諂媚。人為什麼會有這麼多的分別？為什麼會有貧富貴賤的不同呢？荀子問：「我欲賤而貴，愚而智，貧而富，可乎？」以下就來談談如何改變「貧富貴賤」：

第一、貧者因勤而富：人，因為沒有錢財而貧窮；貧窮的人，常因沒有財富而失學。不過，人只要肯努力勤勞，不怕失敗，不灰心喪志，就有成功、發財的希望。富蘭克林說：「貧窮本身不可怕，可怕的是自以為命中註定貧窮。」美國鋼鐵大王卡內基、日本電氣大王松下幸之助、台灣商業巨子王永慶等人，不都是窮苦出身的嗎？但是他們都能運用智慧，加上自身的勤奮努力，終能經營企業有成，因而成為巨富，所以貧者因勤而富。

第二、富者因位而貴：一些有錢的富豪，往往不因有了財富而滿足，他們除了金錢以外還想擁有地位、權利與受到別人的尊重，因此總想從事官職，以求得名位。一旦有了官位，就擁有勢力；有了勢力，就會有名譽上的榮耀，進而與顯要往來，以提昇自己尊貴的身分，所以富者因位而貴。

第三、貴者因私而賤：有的人身分顯貴，卻讓人看不起，為什麼？因為他「拔一毛有利天下，吾不為也」；因為他「自掃門前雪」；因為他官商勾結、貪污舞弊、搜刮民膏，所以在別人的眼裡，他就如流氓惡霸般的讓人敬而遠之。所以，即使是一個有錢、有勢、有地位的人，如果沒有人品、沒有道德、沒有操守，而又自私自利，對國家不愛護，對社會不關懷，對人民的苦難無動於衷，就會失去人心，即使有名有利，也得不到人民的尊敬，所以貴者因私而賤。

第四、賤者因佛而尊：有的人雖然沒有錢，沒有地位，甚至沒有學問、能力，乃至上無片瓦，下無立錐，這樣的人照說應該是為人所看不起

的。但是有時這樣的人反而能獲得別人的尊敬，為什麼？因為他有正確的信仰，信仰的教義讓他雖貧「不以賤易志」；宗教的薰陶讓他「見利而不動」，他很有慈悲心，他與人為善，他奉行正道，因而讓人更為尊敬，所以賤者因佛而尊。

胸襟，可以決定一個人的貧富；內涵，可以決定一個人的貴賤。人生的「貧富貴賤」並非恆常如是，只要自己改善因緣，貧者可以致富，卑賤可以為人所尊，所以「貧富貴賤」的決定因緣有四點：

第一、貧者因勤而富。

第二、富者因位而貴。

第三、貴者因私而賤。

第四、賤者因佛而尊。

窮敗之命

生的窮通禍福，不是神明所賜，也不是上天安排，而是由自己所做所為的業力來決定。所以一個人的榮華富貴，固然是自己努力的結果；窮敗潦倒，也是自己的行為所招感。窮敗之因有四點：

第一、富不肯喜捨則窮：因果十來偈說：「貧窮者慳貪中來」。一個人今生富有，錢財很多，但是他不肯布施，不肯喜捨，就像一個人，春天不去耕種，秋天如何有收成？所以布施如播種，富有的時候不懂得布施喜捨，將來必受貧窮的果報，這是顯而易見的因果關係。

第二、貴不肯積德則敗：有的人地位尊貴，有權有勢，但是他不肯用來幫助別人，不懂得廣結善緣，培養自己的道德人緣，反而借勢欺人，如此失德之人，終將遭人唾棄，失去人望，最後必然導致失敗的結果，這也是可想而知的事。

第三、少不肯事長則衰：「滿招損，謙受益。」一個人年輕少小的時候，懂得尊敬長輩，虛心請益，自己的道德、學問必定日有所增。反之，不肯侍奉長輩，對年長的人不懂得尊重，對有學問、有道德的人也不肯跟隨他學習，如此驕慢之人，所謂「驕必敗」，其結果是興是衰？也是可以預見的。

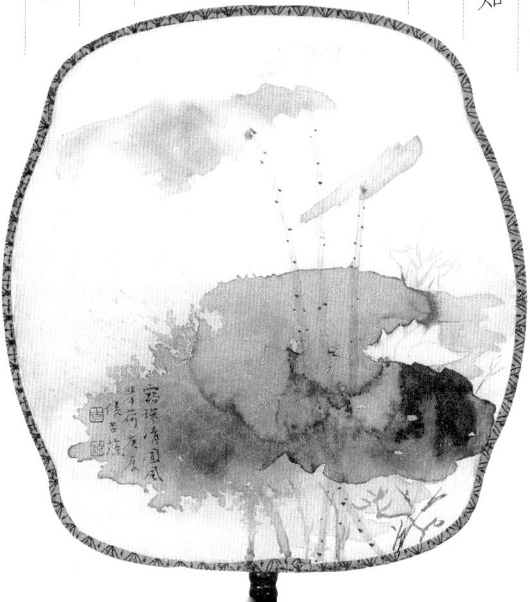

第四、愚不肯親賢則塞：有的人生來魯鈍，智慧不夠，但是他懂得親近賢能之人，接受教導，日久自能開發智慧，通情達理。反之，有的人並不聰明，但是他自以為是，自高自大，看不起別人，如此愚癡之人，一生只有無明以終。

世間無常，凡事都不是永遠如此，只要因緣改變，結果自然不同。所以，一個人只要不去造下「窮敗之命」，自然一生順利亨通。窮敗之命有四點：

- 第一、富不肯喜捨則窮。
- 第二、貴不肯積德則敗。
- 第三、少不肯事長則衰。
- 第四、愚不肯親賢則塞。

走出去

身為家庭的一份子，除了承擔家務，要走出去，才能擴展與社會的往來；居住在偏遠的郊區，要走出去，到市區裡才方便辦事；甚至「讀萬卷書，行萬里路」，從這一個國家，也要走出去到另一個國家交流。關於「走出去」有四點意見：

第一、友誼要走出去：一個人不能沒有朋友，挫折有難時，朋友可以幫助你；傷心難過時，朋友可以關心你。但是要建立深厚的友誼，需要彼此了解個性、習慣，相互包容缺點，和尊重彼此不同的想法。因此，友誼要走出去，要走入人群裡，要廣結善緣。好比社會上雖有職業、宗教信仰的不同，國際上有語言文化、風俗習慣的不同，只要我們真心與人友好，對方感受到你慈悲、友善的氣息，因緣關係自然就會更好。

第二、體育要走出去：體育不僅可以鍛鍊身心，更是一個國家精神力的象徵，例如紅葉少棒隊在動盪的時候，為國爭光，穩住悽惶不安的人心，為社會大眾帶來極大的信心。因此，體育活動要走出去，以體育和世界各國交流。雖然一直以來，各級學校紛紛成立球隊、田徑隊等，體壇上確實也有相當多的菁英，但是體育的發展卻遲遲未能全面走上國際化，我們也期盼政府能予以重視，讓體育能走出去，走上世界。

第三、服務要走出去：台灣社會最為世人歌頌的就是義工，他們為大眾服務的熱忱，受到各方的肯定及讚許。服務的範圍廣泛，舉凡顧客服務、商品服務、電話服務、會議服務，除了對內的服務，服務也要走出去，走入需要幫助的地方，如偏遠、貧苦地區；除了物質上的服務，更重要的是精神上的服務，能服務到人的心裡，才能令受者真正感覺到人間的溫情。

第四、宗教要走出去：台灣的宗教信仰相當自由，儘管信仰有所不同，但是向真、向善、向美的心，卻是一樣的。因此不論什麼宗教，都不應只是自立門戶，所謂「宗教無國界」，為了世界和平、人民安樂，宗教家應該要走出去，加強宗教間的友好交流，突破傳統弘法方式的窠臼，才能將宗教教化的功能充分發揮。一個人的心胸有多大，成就的事業就有多大，因此凡事都要走出去才有發展天地，才能與時俱進。「走出去」有四點：

- 第一、友誼要走出去。
- 第二、體育要走出去。
- 第三、服務要走出去。
- 第四、宗教要走出去。

參加活動的功用

人，經常運動，能增強體魄；水，經常流動，能長保潔淨。一個團體經常舉辦活動，也會充滿服務的幹勁；現代社會人與人來往密切，更離不了參與社團活動。參加活動，會有跟大眾結緣的機會，也會有進步成長因緣。參加活動有哪些功能，四點如下：

第一、參加活動有學習的功能：無論你參加旅行團、園遊會、座談會、讀書會……各種社團活動，從中，有正當的娛樂休閒，有正當的人際關係來往，你可以跟大家學習禮儀進退，學習群我和諧，學習組織策畫，充實知識見地，交換心得感想等等，這都是很好的學習機會，無形中，你人生的經驗閱歷就成長了。

第二、參加活動有擴大的功能：你參加一個社團，馬上就會交到許多的朋友，每個人的成長經驗不同、做事方法不同，你從結交來自不同地區、

不同類型的朋友中，獲得不同層面的知識訊息，嘗試做不同的事務，自己也得到不同的體驗，不知不覺中，廣學多聞，增加見識，你的生活就擴大了。

第三、參加活動有聯誼的功能：今天密如蛛網的資訊社會，單打獨鬥的時代已經過去，個人不能再坐井觀天，關閉在自己的小天地裡，各行各業必需「集體創作」才能成功，因此要靠很多的朋友，很多的助緣。假如平時沒有跟人來往，不跟人聯誼，到了你需要別人幫助的時候，「平時不燒香，臨時抱佛腳」，也都來不及了。因此，平日就要參加活動，與人聯誼，廣結善緣。

第四、參加活動有成就的功能：參加一個社團，社團裡會舉辦許多活動，你參與其中，或做義工，或做領隊，奉獻自己，幫助他人，活動圓滿以後，你會獲得自我的成就感。因為這個活動，有多少人參加，交到多少朋友，大家共同完成一件事，共同達成一個目標，帶動了大家成長，這個無形的成就感，其意義價值不同。

這個社會是眾緣所成，需要靠大眾來幫助我們自己。從參加活動中，可以明白「因緣和合」的真理，可以瞭解「同體共生」的意義，我們的生命，也就昇華了。

這四點功能是：

第一、參加活動有學習的功能。

第二、參加活動有擴大的功能。

第三、參加活動有聯誼的功能。

第四、參加活動有成就的功能。

卷二 退一步想

人生有前面的半個世界，也有後面的半個世界，
一般人的眼光只看得到前面，看不到後面，
其實有時候懂得「退一步想」，
眼界會更寬，世界會更廣。

如何度過難關

每一個人在世間上生活乃至創業，都會遇到一些大大小小的困難。經濟有經濟上的難關，情感有情感上的難關，事業有事業上的難關，甚至也有人事的難關、家庭的難關等等。總之，人生難免都會遇到困難、瓶頸，我們該如何度過呢？有四點意見：

第一、要有忍耐的功夫：難關來了，不必慌張、恐懼，要能耐得住、守得住。無論多大的難關，都是因緣生滅，總會隨著時間過去。每一場堅持戰，只要你能守得住、頂得住，就能過得去。

密勒日巴尊者忍得下，所以成為一代宗師；法顯大師耐得住，所以幾經波折艱險，終於取得經典。所謂「山窮水盡疑無路，柳暗花明又一村」，忍耐就是力量；耐不住、堅持不下，就很難成功了。

第二、要有承擔的勇氣：能夠成功的，通常都是勇於承擔的人，在承擔的過程中，可以累積智慧經驗與福德因緣。如果難關來了你畏懼，困難來了你推諉，就無法成事了。因此，愈是困難愈不要推諉，抱持「我要負責，我要擔當」的勇氣。如果肯擔當、能負責，自然會產生力量，也能給別人信心；如此必定能度過難關。

第三、要有吃苦的精神：不要時時只想到要別人來幫忙度過難關，所謂「靠山山倒、靠人人老」，人不一定都靠得住。要想度過難關，最重要的是自己肯吃苦，能不怕苦、不怕難，有這樣勇敢的精神，辛苦和困難，往往會慢慢消失退卻而苦盡甘來，化險為夷了。

第四、要有不挫的毅力：一般人都不太能接受挫折，常常為了事情的一點挫折就洩氣了，或者別人講了一句不順心、不中聽的話，就整天為了那句或許只是無心之言的話，而耿耿於懷的和自己過不去。如果在挫折之下懈怠、灰心、沮喪，鼓不起精神，最後不但不能度過難關，還會讓自己從此一蹶不振。

禪門有一句詩偈云：「真金須是紅爐煉，白玉還他妙手磨。」即是告訴我們要想度過難關，必須能忍耐、能承擔、能吃苦、能不怕挫折。所以「如何度過難關」有這四點意見：

- 第一、要有忍耐的功夫。
- 第二、要有承擔的勇氣。
- 第三、要有吃苦的精神。
- 第四、要有不挫的毅力。

平日我們為人處世難免會犯錯，其實不怕做錯事，也不怕有過，只怕「有過不改」。孔子說：「知恥近乎勇」，改過，必定是一個好習慣，改過，也必定具足勇氣。我們要如何改過呢？提供以下四點秘方：

第一、把過去的觀念陋習改正。我們做人，就是要滌瑕盪穢，日日更新自己。好比梁啟超先生所說：「今日之我，不惜向昨日之我宣戰。」漢朝韓信，改正不良陋習，從一個小混混，成為開國大將軍；宋代寇準，改掉遊手好閒的習性，因而考取進士，並且成名於後世。要改過，就要不斷的把過去不當的觀念、不當的習氣改正，否則一直堅持自己的陋習不肯放下，「我執」太重，就不容易進步。

第二、把內心的無明煩惱去除。過失是怎麼樣發生的？大部分過失，都是起於「無明」，「無明」就是不明白道理。不明白，就隨意亂說，不明白，做隨事亂做，引來瞋恨、嫉妒、傲慢、多欲、貪求等種種煩惱，嚴重者，還會造成無邊的過患，甚至引發難以想像的災難。因此，我們要把內心的無明煩惱去除，過失才會減少。

第三、把浮動的躁氣妄想化導。細細觀察，我們每天在妄想、顛倒、煩惱裡面轉來轉去，心浮氣躁，不得安寧。倘若心靜下來，去除虛妄的想法，沉澱浮動暴躁之氣，才能感到「靜觀萬物皆自得」。這就要靠我們拿出勇氣與智慧，化導這許多不良習氣。

第四、把無理的暴戾侵略捨去。吾人還會常犯一種過失，就是對人無理，個性暴戾，對人不友好、不仁慈、侵略別人等，這樣的陋習必定要捨去。因為暴戾之氣不但讓人失去友誼，更是不利己，尤其現代醫學發現，一個人內心情緒失去平衡，容易產生毒素，這些毒素在體內蔓延，侵蝕健康，自己痛苦，太划不來了。

人不易改過，是誤把「認錯」和「自尊」混為一談。許多人遇錯，不是與人爭辯，就顧左右而言他，甚至推三諉四，裝出漠視的樣子，實在可惜。認錯改過，既無損氣概，也無損矜持，所謂「知錯能改大丈夫」，這也是人之所以尊貴的地方。這四點「改過之道」，實得吾人實踐。

第一、把過去的觀念陋習改正。

第二、把內心的無明煩惱去除。

第三、把浮動的躁氣妄想化導。

第四、把無理的暴戾侵略捨去。

如何排除煩惱

古詩云：「天長地久有時盡，此恨綿綿無絕期。」煩惱也是一樣，從小到大，人的煩惱，可說是無量無邊，無時無之。到底煩惱從哪裡來？總歸納可以說是從「無明」來。無明，所以智慧不夠，無法瞭解真理，解決問題；無明，所以心念不正，妄求過多，無法滿足，甚至常常是「天下本無事，庸人自擾之」，自找而來。到底如何排除煩惱呢？有四點意見：

第一、要能夠自我反省：能夠自我反省，就會減少煩惱，從反省中，不斷淨化、不斷蛻變。劉備自我反省不如曹操之智謀，故禮請徐庶、諸葛亮等謀士，而有後來三分天下的成就；袁了凡居士，用功過格自我反省，甚至改變了自己的命運。能夠反省，可以排除煩惱，自我改造，成就事業。

第二、要能夠自我進修：古德云：「真金須是紅爐煉，白玉還他妙手磨。」能經得起磨練考驗，煩惱就奈何不了我們。磨練自己，正可以從自我進修開始。草民皇帝朱元璋，打仗猶不忘讀書，網羅儒士，成為開國霸主；清朝曾國藩手不釋卷，近人長榮集團張榮發總裁也無書不讀，他們不斷自我進修，成就了一片天地。尤其現代提倡全方位學習，更要終身學習，破除煩惱，才能走出自己的人生道路來。

第三、要能夠自我忍耐：怎麼樣沒有煩惱？自我忍耐。所謂：「忍一口氣，風平浪靜；退一步想，海闊天空。」天下很多的煩惱，只要忍，你就能夠忍饑、忍餓，忍熱、忍寒，忍是、忍非，甚至忍一口氣，就能夠認識、處理、消除。周瑜因不能忍諸葛亮，結果把自己氣死；貧民窟出身的安徒生，能忍別人的排擠與欺負，保持樂觀與毅力，成為一代文豪。所以「忍」有很大的力量，能夠排除煩惱。

第四、要能夠自我批評：怎麼樣排除煩惱？自我批評。世界首富比爾蓋茲說：「有自覺的人，能客觀地自我批評。」另外一位曾登上世界首富的埃里森也說：「人們必須開放，富有自我批評精神，完全誠實。」人要能自我批評，對自己批判改進，才能看清煩惱，進一步化解煩惱，才能不斷的提升進步。否則光是責怪別人、批評別人，不僅於事無補，只有招惹越多的煩惱。

古代的聖人，聞過歡喜，去惡就善。聰明的人，要把自己管理好，內自省而發智慧，健全自己，就不會有煩惱。如何排除煩惱呢？以上這四點是好方法。

- 第一、要能夠自我反省。
- 第二、要能夠自我進修。
- 第三、要能夠自我忍耐。
- 第四、要能夠自我批評。

離是非煩惱

佛陀曾說天下有二十難，其中之一就是「不說是非難」。聖人以「守口、少說、莫傳」為智慧，即是告訴我們不聽、不傳、不講、不管是非，自能遠離是非煩惱的纏縛。如何遠離是非煩惱呢？

第一、禍患止於未然：我們常說「人無遠慮，必有近憂」；晚唐詩人杜荀鶴的〈涇溪〉寫的：「涇溪石險人兢慎，終歲不聞傾覆人；卻是平流無險處，時時聞說有沉淪。」正是提醒我們「積穀防飢」、「有備無患」。古人在風調雨順之年，大都會囤積糧草，以防備災荒突然降臨。我們也應時時心存憂患意識，事先預作未來的打算，才能讓禍患降到最低。

第二、是非止於智者：《藥師經疏》裡有則譬喻：有兩隻感情甚好的猛虎「善牙」與「善博」，牠們日日相伴捕食動物。另有一隻狡詐的野狐，則專門在附近撿牠們吃剩的食物。野狐擔心兩隻猛虎總有一天會聯合起來對付自己，所以常常分別對兩隻老虎造謠，離間牠們的感情，使得兩虎因而相互仇視。所幸後來善博冷靜、理智的分析前後，拆穿了野狐的挑撥，才化解彼此的誤會。因此，當是非入耳時，我們要以智慧判斷，才能遠離是非之患。

第三、失敗止於計謀：一件事情的成敗，取決於我們是否事先作策略謀畫。《漢書》中提到：「運籌帷幄之中，決勝千里之外。」說明善於運籌者，謀事必成；反之，草草行事，心有不慎，沒有事先作好籌畫，必定功敗垂成。劉邦之所以能擊敗項羽，正是因為張良擅長計謀。倘若做事懂得事先計畫，必能免於失敗，迎向成功。

第四、煩惱止於覺照：煩惱來了，「提起正念」是必要的良方。能從煩惱迷茫處深觀事理，覺照心念，且懂得自省、懺悔、認錯，煩惱自然無疾而終。《大慧普覺禪師語錄》寫道：「瞥起是病，不續是藥，不怕念起，唯恐覺遲。」所以不要畏怯煩惱，重要的是要有覺照力；有了覺照力，便能突破煩惱，遠離惱害。

人生是非、煩惱、失敗、禍患，無時無刻不盤旋在我們生活中，如何遠離，唯賴我們以智慧對事物做出謹慎的判斷，方能脫離是非煩惱的纏縛。

- 第一、禍患止於未然。
- 第二、是非止於智者。
- 第三、失敗止於計謀。
- 第四、煩惱止於覺照。

窮通不變

處變不驚，才能莊敬自強；窮通不變，才能安然自在。做人要處變不驚，做人更要處窮通而不變。如何「窮通不變」，有四點說明：

第一、不因窮困或富有而改變態度：人生的際遇，有時窮困，有時富有，「貧窮」和「富有」看起來是兩個相互對待的身分名詞。其實貧富並不是絕對的，世上貪心不足的人永遠貧窮，樂於布施助人，則永遠都是富有的人。所以，貧富不能只看形相上的財富，而要看內心無形的財富。一個人能「富貴不能淫，貧賤不能移」，不因自他一時的窮困或富有，而改變待人的態度，這種品格操守，比起金錢財富，更為寶貴。

第二、不因安然或險遇而改變心情：人的心情，常常隨著外境的變化而起伏不定。心情經常變化莫測的人，往往給人情緒化，難以捉摸的感覺，所以做人要沉得住氣，不要輕易把喜怒哀樂形之於色。平時安然自處時能氣定神閒，遇到險難危急時，也能臨危不亂；能看清世間的實相，不因安然或險遇而改變心情，時時泰然自若，更可見出一個人的修養之高。

第三、不因禮遇或違逆而改變尊敬：對人尊敬，是因為這個人有值得我學習、崇拜的地方，並不是因為他對我好、禮遇我，我就對他尊敬；相對的，不能因為他違逆我，不順我的意，我就改變對他的尊敬。尊敬一個人，要散播他的善行，諸如他的風範、他的道德、他的學問、他的能力等。對人尊敬，是做人最起碼的道德，因此不管別人對我好與不好，我也不放棄自己對人的尊敬。

第四、不因成功或受挫而改變信心：成功時，信心滿滿；失敗時，灰心喪志，這是一般人的反應。但是一個真正成大事的人，小小的成功固然不會志得意滿；受挫時，也不會失去信心，甚至消極悲觀，反而愈挫愈勇。例如愛迪生在面對產業付之一炬時，他說：「感謝這把大火，將我以前所有的錯誤都燒盡。」這才是真正能成大功立大業的人。

「禍兮福所依；福兮禍所伏。」人生的際遇，窮通禍福，成敗得失，都只是一時的，不管好壞，如果能看成是人生的點綴，不必太過介意，心靈的空間會更寬，而不致於把自己逼上死角。所以「窮通不變」有四點：

第一、不因窮困或富有而改變態度。

第二、不因安然或險遇而改變心情。

第三、不因禮遇或違逆而改變尊敬。

第四、不因成功或受挫而改變信心。

窮敗之因

世間上為什麼有的人能成功，有的人卻失敗；為什麼有的人富有，有的人卻貧無立錐。這些「窮敗之因」，除了因緣造作之外，還有來自於個人的分別取捨。一般人總喜歡揀擇什麼是自己喜歡的，什麼是不喜歡的；喜歡的就趨之若鶩，不喜歡的就棄若敝屣。一個人如果只肯做自己喜歡的事，完全不顧道德、法律、人情、輿論的話，這就是「窮敗之因」。以下有四點看法：

第一、富而不肯喜捨則窮：布施看起來是給人，實際上收穫最大的是自己。道家所謂：「收藏蓄積而不加富，布施稟受而不益貧」，一個「拔一毛而有利天下吾不為也」的富有之人，就像將自己反鎖於糧倉一樣，雖坐擁如山如海的糧餉，但總有吃盡耗絕的一天；一個懂得布施者，就如播種下土一般，看起來總是不斷的付出，但其結果卻是豐收採實，所以富而不肯喜捨則窮。

第二、貴而不肯積德則敗：身居高位、享受厚祿的人，卻不知積福德，不願與人結緣，則有衰敗之患。如《史記》說：「在德不在險，若君不修德，舟中之人，盡為敵國也！」就是說明一個居高位的人，如果不修德政，即使與你同舟共渡者，都可能成為你的敵人。常言道：「得意勿忘失意時」，一個人在得志的時候，要能廣修福德，積善結緣，否則失了民心，雖處高位也有「水覆舟船」之虞呀！

第三、少而不肯事長則衰：年輕人不肯敬侍長輩，後學不肯尊敬前賢，都是因為貢高、我慢而形成自大的態度。所謂「滿瓶不動半瓶搖」，一顆不成熟的果實，總在風雨來時提早夭折。古人所謂「滿招損，謙受益」，就是告訴我們多一分的謙遜，則能多一分的受益。沒有前人的拓荒開墾，後人怎麼會有樹蔭乘涼？人要懂得追本溯源，長者是經驗的累積、是智慧的結晶，能親近長者，才能從中獲取成長與人生的精華。

第四、愚而不肯親賢則劣：自己愚笨，又不肯親近賢人，自會更加卑劣；經常與不善的朋友在一起，則更增長惡習，此即所謂「近朱者赤，近墨者黑」。《說苑》裡記載一則故事：「孔子問宓子賤：『你是如何將單父治理得如此之好？』宓子賤回答：『我親近五位賢者，他們教了我許多東西。』孔子說：『這是建大功業的關鍵呀！』」孟子也曾說過：「仁者愛人沒有偏心，但只親近賢者。」親近有智之賢人，接受他們的引導，才能增長智慧，進而去惡向善。

人的一生不可能十全十美，有智無福、有福無智，或是威德不夠而受人輕賤，都是人生的缺陷。人的貧富貴賤、智愚興衰，雖與前世業緣有關，但今生的努力也能加以改善。反之，即使福報、智慧俱足，但不懂得結緣、積德，也會由富變窮，由尊貴而卑微。

懂得了「窮敗之因」的由來，吾人不得不慎思謹行：

- 第一、富而不肯喜捨則窮。
- 第二、貴而不肯積德則敗。
- 第三、少而不肯事長則衰。
- 第四、愚而不肯親賢則劣。

不順的原由

人的能力有強有弱，有的人雖然資質平庸，因為善於結緣，做起事來左右逢源，無往不利；有的人儘管才華洋溢，卻是處處碰壁，百般不順，事事艱難。其實，人生的際遇不管做事難易，乃至窮通苦樂，都有它的原因存在。順利有順利的條件，不順有不順的原由。「不順的原由」主要有四點：

第一、艱難由懶惰而來：俗云「天下無難事，只怕有心人」，世間事無難易，只要有心。有心做事，鐵杵都能磨成繡花針；無心做事，舉手折枝也嫌難，所以「自古艱難唯一懶」。時下常見一些年輕人雖然有心創業，但一遇到艱難困苦就裹足不前、洩氣失望，甚至感覺志不得伸而怨天尤人、怪你怪他。其實一切的艱難，都是由於自己懶惰而來，因為懶於勤勞做事，懶於廣結人緣，懶於與人為善，自然一事無成了，所以懶惰懈怠就是自毀前程。

第二、苦楚由慳吝而來：人生有多苦，慳貪是一苦。慳吝不捨、貪得無厭的人永遠不知足，他永遠看不到自己所擁有的，反而一天到晚羨慕別人、嫉妒別人比自己快樂、比自己富有，因此痛苦不堪。反之，一個懂得布施喜捨的人，所謂「捨得」、「捨得」，能捨才能得，不捨怎麼能得呢？因此一個人如果過於慳吝、過於自私，必然錯失許多際遇，失去很多的人緣，自然就會感到苦楚了。

第三、藉口由推託而來：路是人走出來的，每個人都有自己的人生路待開創，有的人走來一路亨通，有的人走得顛簸坎坷，到處受阻。當中除了因緣際遇不同、才能智愚有別外，更重要的是，能幹的人遇到困難，他會想種種的方法去克服、解決；不能幹的人遇事總是想各種理由去推諉、塞責。「我這個困難，我那個不行」，這項也拒絕、那樣也迴避，因為有太多的託詞，有太多的藉口，所以許多因緣就這樣平白失去了。

第四、貧苦由奢費而來：

古人說「貧賤夫妻百事哀」，貧窮本身就是苦，所以貧與苦總是伴隨在一起。貧苦的原因，除了前世沒有布施種福田以外，所謂「奢侈是人為的貧窮」，今生如果生活過於浪費、奢華，也會得到貧苦的報應。所以我們要節約能源，要愛惜金錢財物，甚至更要愛惜時間、愛惜福報、愛惜因緣，不能浪費無度，才能免招貧苦之報。

世間上無論什麼事情，都有它的來由，因此佛教講「因果」；有「因」必然有「果」，所以「不順的原由」有四點：

第一、艱難由懶惰而來。

第二、苦楚由慳吝而來。

第三、藉口由推託而來。

第四、貧苦由奢費而來。

面對壓力

現代人普遍感到壓力太大，由於從悠閒的農業社會，進入到要求快速、高量、競爭大的工業社會，每個人都很忙，忙得不自覺的武裝起身心，像繃緊的彈簧，以應付來自事的壓力、人的壓力，因而形成心裡巨大的壓力。面對無所不至的壓力，應如何面對？如何紓解？提供四點意見：

第一、勤奮，不故意拖延：工作上的壓力，大部分出於任務無法如期完成。可能就要勤奮一點，今日事、今日畢，不要把今天的事情留到明天。如果將今天的工作留待明天，如同前債不還，後債又來，累積多了，當然就有壓力。因此，即使辛苦，當辦的事把它辦了，不逃避、不拖延，就能減少工作帶來的壓力。

第二、忍耐，不顧忌批評：有些壓力是從他人的意見、閒話、批評、毀謗等等而來。若沒有判斷意見的智慧，沒有不理閒話的從容，沒有接受批評的勇氣，沒有忍受毀謗的能量，自己沒力量來擔當、處理、化解，就是沒有忍耐力，這些負面的情緒，就會是很大的壓力。因此，解除壓力，必須有忍耐力，要能不顧忌他人的批評、毀謗。

第三、勇敢，不過度自責：有時處理事情，忙中有錯，不免會自責懊惱。過度自責也會形成壓力。《禮記》說：「力行近乎仁，知恥近乎勇。」只要不是習慣性的粗心大意，或心不在焉，怠忽職守，而是不小心犯錯，能夠勇敢承擔錯誤，盡力彌補，警惕自己知過悔改，也就不要太過自責。

第四、放下，不患得患失：有壓力，就是放不下，什麼東西都擺到心上。將名利地位放在心上，名利地位就是你的壓力；將金錢愛情放在心上，金錢愛情就是你的壓力；將人我得失放在心上，人我得失就是你的壓力。能將這些身外之物看淡、看輕，不患得患失，壓力自然就會不見了。

有經驗的人在栽培豆芽菜時，會在綠豆上放一塊砧板，有了砧板的重量，豆芽會長得又胖又壯；鯰魚是四破魚的天敵，在運送四破魚時，如果在魚箱中放進一條鯰魚，可提高四破魚的生存率。可見壓力也是成長的要件，因此要樂觀面對，適度紓解，不須太過擔心害怕。

第一、勤奮，不故意拖延。

第二、忍耐，不顧忌批評。

第三、勇敢，不過度自責。

第四、放下，不患得患失。

挫敗之因

世間上無論什麼事情都有它的因，一個颱風的形成，有它形成的原因；地震，有地震的原因；一個人中了彩券，也有他得到意外之財的原因；人緣好、人緣不好，富貴、貧賤，都是其來有自，都自有緣由。當然，生活中的挫敗也有挫敗的原因：

第一、艱難由懶惰而來：有些人在創業時，遇到艱難困苦，求助無門；有些人沒有人緣，遇到挫折也得不到貴人相助。遭逢志不得伸，潦倒無奈時，千萬不要怨天尤人，要反觀自省，因為一切的艱難，必定從自己的懶惰而來。平常不勤做善事，不勤廣結人緣，不勤與人為善，事到臨頭，如何要求碰到好機緣？如何要求有貴人援手相助？

第二、苦楚由慳吝而來：有人覺得自己的人生黯淡無光，不由得要嫉妒、羨慕他人的快樂與春風得意。別人能夠左右逢源，必定有他的因緣，他肯與人為善，肯成就他人的快樂，他自然能有春風得意之報。人生黯淡無光的苦楚，則是拜慳吝所賜。太過慳吝、自私，不肯成就他人，自己也會失去好的際遇，不得人緣。捨得、捨得，若是從來都不捨，怎麼能得？

第三、藉口由推託而來：大部分的人不能成功的原因，是藉口太多。這個困難，那個不行，這項工作也拒絕，那項勞務也不做。這許多的託詞藉口，把原有的善因好緣都往門外推，白白錯失成功的機遇，當然就只好品嘗挫敗的滋味。

第四、貧苦由奢費而來：有些人慨嘆貧窮、困苦。此生貧窮的原因，一則是過去世未能種植富貴的因緣，如：布施、結緣，因此出生於落後之國、邊荒之地、貧窮之家。二則，今生雖生於小康或富貴之家，卻過於奢華，將家產耗盡，把福報輕易浪費掉，只得過著貧苦的生活。

佛教講因緣果報，「善惡之報，如影隨形；三世因果，循環不失」，有智慧的人害怕種下不好的因，所以「慎始」；凡夫眾生卻只怕結果，不知在因地下功夫，等果報來了，才畏懼、抱怨。我們要學習智者，留心原因，培植好因善緣，破除壞因惡緣，才能轉凡成聖。「挫敗之因」有四點，提醒大家：

第一、艱難由懶惰而來。

第二、苦楚由慳吝而來。

第三、藉口由推託而來。

第四、貧苦由奢費而來。

代替之寶

我們待人處事，有時會養成不自覺的負面態度，比方：抱怨、冷漠、虛偽、傲慢、主觀等。長久以這些負面的態度待人，必然會讓人反感。在此提出八個代替方案：

第一、以關愛代替抱怨：每個人都有自己的個性，又因生長環境及不同的生活經驗，在思想、態度及行為習慣等各方面，不免會有歧見。若是以抱怨來反應不滿，只會加劇爭執；唯有以關愛來代替抱怨，才能化解衝突。

第二、以熱忱代替冷漠：身旁的人是我們的鏡子，當我們顯示一副冷漠的表情，鏡子映現的當然也是一副冷面孔。所以要以熱忱來代替冷漠，如此，我們所回收的熱忱，必定百倍於所付出的。

第三、以鼓勵代替責罰：子弟、下屬若有過失，用責罰的方式來要求，不一定能收到效果。若善用鼓勵，婉言規勸、一句嘉許的話，或一些賞賜，讓他感受到我們的期許，產生的力量會更大。

第四、以啟發代替公式：現代人辦事都講究程序、公式。當然，公式、程序很重要，不過，若能以啟發性的引導代之，對受教者必能得到更大的助益。

第五、以寬容代替嚴苛：古人說「律己宜帶秋氣，處世宜帶春風。」秋天之氣是肅殺、嚴謹的；春風是溫暖、柔和的。對自己的一言一行要謹慎嚴格，德行學業才會進步；待人則要寬容敦厚，才能讓對方衷心感動、服氣。

第六、以真誠代替虛偽：虛情假意或許能騙人一時，幾次過後讓別人瞧出我們的虛假，會自動將我們的言行舉止打折扣。還是真誠待人，才能歷久不衰。

第七、以謙讓代替高傲：有的人以傲慢的態度顯示自己的高貴，冀望獲得別人的尊敬。其實傲慢的態度往往代表內心的淺薄，反更讓別人輕視。唯有謙虛禮讓，才能贏得別人的真心尊重。

第八、以客觀代替主觀：能客觀的觀察事物，所提出的建言或看法，會更周延完整，容易為人接受。因此，不要太主觀、太執著，才能贏得他人的好感。

提出八點「代替之寶」，希望大家能以好的、正面的處世態度，來改正負面的、不好的行為態度：

- 第一、以關愛代替抱怨。
- 第二、以熱忱代替冷漠。
- 第三、以鼓勵代替責罰。
- 第四、以啟發代替公式。
- 第五、以寬容代替嚴苛。
- 第六、以真誠代替虛偽。
- 第七、以謙讓代替高傲。
- 第八、以客觀代替主觀。

失去

我們常常為了遺失某些東西，急得不得了。如：掉了證件、丟了錢財、遺失心愛的東西等，失去這些，會讓我們難過不捨。或許不小心掉的錢，正好是兒女的教育費；遺失的是有特殊意義的紀念品；證件掉了，要掛失，要重新申請。但失去這些東西，雖然心疼、麻煩，畢竟只是身外之物，算是「小失」。有些「失去」，失去的是自己的大部分，甚至是全部。

第一、資財失去，失去一點東西：錢、皮包被人偷去，或是自己弄丟了，雖然著急，但是丟掉錢財損失有限，再賺就有，節儉一點也還好，不用太在意與難過。古人勸說「財去人安樂」，雖然是阿Q的想法，卻也不失安慰之道。

第二、勇氣失去，失去部分東西：有時候我們做某件事情，突然喪失勇氣，事情的難度擴大，而自覺無法衝破難關。失去了勇氣，也喪失成功的機會，想賺錢卻沒有勇氣，只好與財神爺錯身而過；想創業卻缺乏勇氣，只好安分守己作個小職員。失去勇氣，也還不是最糟糕，只是喪失可能的成功機會，失去人生的部分東西。

第三、榮譽失去，失去許多東西：有許多人把榮譽看得比生命還重要。榮譽是以辛勤的學習、無數的辛苦和犧牲奉獻才贏得。因此，在光鮮的榮譽背後，有許多不為人知的辛酸艱困，甚至付出血汗生命，才獲得他人的肯定、欽佩、激賞；人生也因為這些榮譽而偉大。一旦榮譽失去，就失去了許多東西。

第四、信心失去，失去一切東西：一個人對人生有信心，才能看見光明；對國家、社會有信心，才會覺得前途充滿希望；對事業有信心，才能成功在望；對修行有信心，才會有所成就。因為有信心，再大的難關都會衝破，再長遠的道路都會勇往直前，再高的山嶽，都會奮不顧身往上爬。就是大海中的珍寶，只要有信心，也能入海採得寶物歸。所以《華嚴經》說：「信為道元功德母，長養一切諸善根。」若失去信心，就失去了一切希望。

失去了資財沒關係，靠勤與儉能補回來；失去了勇氣，可能會讓自己錯失一些好機會；失去了榮譽，人生相形失色；一旦失去信心，這一生就不免要黯淡無光了。人生在世，或許難免會失去某些東西，但是要謹慎，切莫讓自己失去了榮譽和信心。

第一、資財失去，失去一點東西。

第二、勇氣失去，失去部分東西。

第三、榮譽失去，失去許多東西。

第四、信心失去，失去一切東西。

去除而後有

我們常聽到「人要不斷進步」這句話，如何才能進步？天台宗說「一念無明法性心」，當我們的心處在無明的狀態時，法性就顯現不出來；我們的心保持在清清明明的法性之下，無明自然就不見了。如何才能進步？去除壞的、惡的，好的、善的就顯現出來：

第一、去醜即是美：我們常說「相由心生」，可見相貌的莊嚴與否，是由「心」來決定。一個豔若桃李的人，若存蛇蠍心腸，別人定要避之唯恐不及；而相貌平凡的人，卻往往因為內心的高貴而讓人樂意親近。因此，只要去掉內心醜陋的念頭，所顯現的即是莊嚴美麗。

第二、去非即是是：寫錯字時，我們會用橡皮擦把錯誤擦去，訂正為正確的；行為處世也一樣，不用刻意去追求「對的事」，只要不斷地去除當下的錯誤行為，即是走在「對的」路上。

第三、去愚即是智：當一個人「自以為是」時，別人是無法改變他的，除非他自己願意改變。人有時候不免會愚癡執著，陷溺在自己構築的想法當中，此時旁人再有智慧，也無法幫助他跳脫愚癡的牢籠。其實，智慧不假外求，只要肯放棄愚癡執著，就是智慧。

第四、去迷即是悟：「執迷不悟」這句話相當傳神，執著「迷」，緊緊抓住所「迷」的思想、習慣、信念，一直不肯放手。不肯放手，如何能有「悟」的契機？其實，只要把迷執放掉，就如同撥雲見日，迷去悟就來。

第五、去惡即是善：如何為善？口不言惡，所言即是好話；心不思惡，所思即是正念；身不行惡，所行即是善事。遠離十惡業，戒除身、口、意之惡，自然就是實踐十善業道。

第六、去妄即是真：真與妄，是一體的兩面，如果一直執著在虛妄裡，真實就不可能現前，一定要把虛妄捨棄了，真實才會顯現。所以說：煩惱不除，菩提不生；罪惡不去，善美不來。

《維摩詰經》說：「譬如高原陸地不生蓮華，卑濕淤泥乃生此華。」不要擔心我們處在污穢的娑婆世界，只要能在這五濁惡世的「煩惱泥」中，不斷地去除醜、非、愚、迷、惡和虛妄，就能體會、實踐真正的佛法。

- 第一、去醜即是美。
- 第二、去非即是是。
- 第三、去愚即是智。

第四、去迷即是悟。

第五、去惡即是善。

第六、去妄即是真。

耕耘

人人心中有一畝田地，在人生春夏秋冬的時序裡，翻土、播種、耕耘、施肥、灌溉，是豐收？是歉收？全取決我們自己的用心耘作、勤勞與否。有云「一分耕耘，一分收穫；十分耕耘，十分收穫。」你努力勤奮，則豐衣足食，你懈怠放逸，自然荒地一片。每個人如何耕耘自己的一片田地呢？

第一、作家在格子上耕耘：有人說，寫作是「不積跬步，無以至千里；不積小流，無以成江海。」誠然是也，筆桿作鋤頭，格子是田地，思緒為泉源，作家們靠著自己的雙手，日夜搖動，勤苦灌溉，犁出一片思想田園。一篇篇文章的完成，無不經過作者在一格一格的稿紙上耕耘思想、

抒發胸臆，在指縫間遺詞立意，表情達理，在行列裡串成句，孕成文，連起珠璣的方塊字，得以輯成作品，呈現世人。

第二、農夫在土地上耕耘：

土地是農夫生活的根基，生存的來

源。唐朝李紳的「鋤禾」說得貼切：「鋤禾日當午，汗滴禾下土，誰知盤中飧，粒粒皆辛苦。」經過風吹日曬、披霜踩露，才得以血汗換取豐碩的果實。所謂「民生在於勤」，沒有寒耕熱耘，怎有禾稼之得？農夫勞動雖艱，但農作豐收時，也收穫了喜悅。

第三、教師在黑板上耕耘：身為教書的老師，黑板是他耕耘的田地。日日月月，播下智慧的種子；歲歲年年，培育希望的幼苗。一筆一畫為鑰匙，打開思想的大門；一字一句作管道，開啟心智的通路。學生經過教導，在社會上，各持一方；老師不斷耕耘，在黑板上，百年樹人。

第四、禪者在心地上耕耘：我們常說要「開發山坡地」、「開發海埔新生地」，這些地開發了，就會發揮作用。經中也譬喻我們的心有如田地，心田開發，才能播種，展現功用。發心就是開發自己的心地，日常生活中，你發心睡覺，覺會睡得好；你發心吃飯，飯會吃得飽；你發心做事，則無事不辦。而參禪者，更是在自己的心地上耕耘，他們拔除煩惱的雜草，播下般若的種子，灌溉清淨的花朵，開發出無數的珍貴寶藏，成就無量的法身慧命。

家有良田，可以積穀防饑；心有良田，需要耕耘開發。無論你在社會上扮演什麼角色，是作家、是農夫、是教師、是禪者，自己的田地，都得要靠自己去開墾，去耕耘，才能田地肥潤，碩果纍纍。

第一、作家在格子上耕耘。

第二、農夫在土地上耕耘。

第三、教師在黑板上耕耘。

第四、禪者在心地上耕耘。

取代

世間得意失意、歡喜悲傷、擁有失去，都是人生的調味料，其中酸甜苦辣，百味雜陳，如何調和，惟有靠我們心念的轉換。若能以善的種子「取代」惡的種子，則日日是好日，念念無煩惱。那麼要如何「取代」呢？

第一、歡愉可以取代哀愁：我們習慣將悲喜交付在他人手上，一旦不順從己心，立刻被外境牽引，愁腸萬轉，無法展眉。如此身心大受其累，不是很蝕本嗎？生活在於追求心靈上的歡愉昇華，工作時喜悅成就，那怕吃飯、睡覺，都能歡喜自在，如此自能取代哀愁，開廣心境，擺脫俗見，趕走哀愁的侵襲，讓自己創造歡愉的氣氛。

第二、成功可以化解失敗：每個人都嚮往成功，學生渴望金榜題名，農夫祈望碩果纍纍。然而人在世間，卻免不了遇到失敗。失敗不可怕，懂得化解，重新站起，才是最重要。孫中山先生十一次革命，民主體制才得以建立；鑑真大師六次出航，終於東渡日本成功。生活中，你也可以製造成功的機緣，說一句好話給人歡喜，就是說話成功；做一件好事獲得肯定，就是做事成功。只要心中擁有成功的信念，縱有失敗，也不害怕。

第三、富貴可以去除貧困：日本德川時代的保科正之，問他的屬下五衛門：「什麼事讓你最感幸福？」五衛門回答：「貧困。世界上，很多富貴的人都不快樂。我因窮，所以獲得一點東西，就足以讓我快樂半天。」

貧困讓我們匱乏，生活不得滿足。與其陷入不快之境，何不學習五衛門的豁達，心生富貴之念，保持知足之心，常存歡喜之樂，自然不覺得貧困。所以，富貴不一定由外境來，從心中流露，才是真實的富有。

第四、信心可以取代怯弱：小草不怕風雨，倒了很快又站起來；鮭魚不怕激流，因此能逆游而上；我們也可以學習小草，從人生的困境石縫中探頭出來；效法鮭魚，讓生命的信念回到源頭。只要對事情有信心，對工作有信心，對自己有信心，自能取代怯弱的恐懼，勇敢面對人生種種挑戰。

佛教有云：「一念三千。」與其期盼外境改變，不如轉化內在的心境，何苦坐困愁城，讓烏雲蔽日？試著轉換心境，以光明取代晦暗，以積極取代消極，自能見得一片無憂無惱，開闊清朗的心靈淨土。

- 第一、歡愉可以取代哀愁。
- 第二、成功可以化解失敗。
- 第三、富貴可以去除貧困。
- 第四、信心可以取代怯弱。

犯錯

「人非聖賢，孰能無過？」凡夫眾生難免會有犯錯的時候，但是「知過必改，善莫大焉。」所以人不在於無過，而在於知過能改。

過去大禹所以為人所讚美，並不是因為他不曾犯錯，而是他能「聞過則喜」；孔子的弟子子路為人所稱譽，也不是因為他不會犯過，而是有了過錯以後，一經人指點，他都心存感謝，甚至「聞過則拜」。因此，人犯錯之後的心態如何，可以看出未來的成就大小。關於「犯錯」有四點說明：

第一、智者有錯必認：有智慧的人，不必然只喜歡聽別人對他的讚美，有時候讚美不當，他反而覺得你很虛偽。由於智者能「不以稱譽為喜」，他懂得「人之大善，在於知過能改」，因此當別人指出他的錯誤、缺點，對他有所指正、批評，他反而覺得受益，這就是有智慧的人，所以懂得認錯才是智者。

第二、愚者有錯必飾：智者改過而遷善，愚者文過而飾非。愚者只要一聽到別人指出他的錯誤，就極力否認，其結果是「遷善則德日新，飾非則惡日積。」時下一些年輕人，也常常容不得別人說他一點不對，他馬上就有一大堆理由。比方說：約會遲到，他全然不怪自己，反而說：「我出門時正逢交通阻塞；我剛要出門，電話就來了；我剛剛走出大門，就下雨啦！」他總有千百個理由，就是不肯承認自己錯錯，這就是無明的愚人。

三、賢者有錯必改：人，所以被尊為賢者，必然在事功或德業上有其足以為人典範的地方。例如顏回好學，而且「不遷怒」、「不貳過」，故為孔門七十二賢人之一。賢能的人惟以改過為能，不以無過為貴，只要他

發現自己有了過錯，必定當下立誓改過。因為不飾過失，終能達於善美，因此勇於改過的人，必是賢能之人。過去賢明的君主，如康熙大帝、漢武帝等，都曾「下詔罪己」，所以政治清明，成為後世楷模。

第四、狂者有錯

必執：一個人犯了過錯，並不嚴重，嚴重的是不肯改過、不肯認錯。只要肯改過、肯認錯，就能不斷進步，就能往聖賢之路邁進！反之，一次次犯錯卻從不檢討自己的人，由於狂妄自大，執著自己的看法，自然一錯再錯。這種有錯必執的狂者，只能說積習難返無可救藥矣。

世界上沒有十全十美的人，也沒有永遠不犯錯的人，重要的是犯錯時，能覺知反省，對他人的錯失，能有胸量包容。所以，一個人是智、是愚，是賢、是狂？就看自己面對過錯的心態如何。關於「犯錯」，有四點：

第一、智者有錯必認。

第二、愚者有錯必飾。

第三、賢者有錯必改。

第四、狂者有錯必執。

奮起飛揚

奮起飛揚，如旭日東昇，多麼美麗；奮起飛揚，如飛鳥振翅，多有活力；甚至植物為了求生存，一株小草，從牆縫裡長出來；一朵小花，從塵土裡冒出來，也都要靠「奮起飛揚」的力量。人也是一樣，你要奮起飛揚，才是人生的意義。在你的生命裡，在你的生活中，怎樣來奮起飛揚呢？有四點意義：

第一、要立志進取：人不立志，沒有目標；人不進取，沒有希望。所謂「沒有天生的彌勒，沒有自然的釋迦」，「舜何人也，予何人也，有為者亦若是」，我要立志，我要進取，效法前賢，他好，我也要好，他大，我也要大，立定志向，設定目標，不斷的精進，不斷的進取，這就是奮起飛揚。

第二、要發心立願：土地你不去開發，還是一片荒蕪；心地你不去開發，能量不能發展。要成功立業，就要發心，立下你的志願、你的發心，就能有所做為，成聖成賢。也許你會問：「我要做什麼？」你可以發願：「我願做一道橋梁，給人通過；我願做一棵大樹，庇蔭眾人……」這都是發心立願。又好比地藏菩薩立願：「我不入地獄，誰入地獄」、「眾生度盡，方證菩提」，所以他就可以救苦救難，為眾生所尊崇。

第三、要積極向上：積極，就是不懈怠；向上，就是不低下。人對生命，總有一股善美向上提升的希望，乃至要表達人生的真義，都必須精進向上，欣欣向榮，才能生生不息。積極向上的人生，對自己盡力，對社會大眾也能有所貢獻。

第四、要樂觀開朗：人生沒有總是順遂得意的，你不能一下子就洩氣，一下子就灰心，要奮起飛揚，就必須樂觀開朗。樂觀像明燈，它會照亮未來的前程；開朗如香水，它能廣結芬芳的善緣。心胸樂觀豁達者，凡事看得高遠，就不會被眼前短暫的利益所蒙蔽；心中開朗積極，處處不與人計較，所以能成就大器。

奮起飛揚，讓人感到希望無窮；奮起飛揚，讓人覺得生命無限。有了這四點，就可以無事不辦、無事不成。

- 第一、要立志進取。
- 第二、要發心立願。
- 第三、要積極向上。
- 第四、要樂觀開朗。

過度之病

生活之中，人常常一不小心就過度了。比方過度飲食，無法自制，以致身心負荷過多，不能清晰思考。過度疲勞，經常打瞌睡，使得工作效率不彰；或者過度睡眠，也會精神不振，徒然浪費生命。甚至金錢太多，不知如何運用，或揮霍太多，都會出問題。過度之病有那些？以下四點：

第一、過儉者吝嗇：人要節儉，節儉才能致富。但是太過節儉，就變成刻薄、變成吝嗇。人一刻薄，就會沒有人緣，沒有人歡喜你，別人也不肯給你幫忙；人一吝嗇，行事就會不大方，眼光格局也不大，乃至被譏諷為小家子氣。所以，古人說「儉約氣固，吝嗇氣縮」，不是沒有道理的。

第二、過讓者畏縮：中國人講禮讓，在人際之間往來很重要，但是不

能過分謙讓。人過分的謙讓，就會變成是一種畏縮，凡是一切事情，統統都給別人去做、別人去辛苦、別人去擔當，那你是來做什麼的呢？甚至有的人讓到最後，甘心屈服於權勢，不求自主，只有一生卑微。所以說，太過禮讓，變成畏首畏尾，太過畏縮，只有一事無成。

第三、過謙者卑賤：做人要謙虛、要禮敬，對人要有禮貌、要尊敬，這都是立身處世的準則。但是，有的人太過曲躬諂媚，以為那就是謙虛，這種態度，反而給人感到矯情造作，只有給人看不起。謙虛是美德，但是謙虛要有尊嚴、要有自尊，這樣的謙虛，才是適當的、莊嚴的、尊重的、平等的。

第四、過速者馬虎：有的人做事速度很快，無論做什麼都講究時效、效率。效率的確是要爭取的，但是太過快速之後，變成馬馬虎虎，結果只有品質不好，重新再來，有云：「欲速則不達」，就是由於過度馬虎所致。尤有甚者，要求快速，變成草率，敷衍了事，任意隨性，這都是非常不負責任的行為，這樣的人生怎能成功？

所謂：「不吃過頭的飯，不講過頭的話，不走過頭的路，不做過頭的事。」過度，會失去現前因緣，適度，才能照顧眼前當下。因此，無論做人處事、生活起居，都不能過度。以上這四點「過度之病」，可以讓我們省思。

第一、過儉者吝嗇。

第二、過讓者畏縮。

第三、過謙者卑賤。

第四、過速者馬虎。

忍的意義

「忍字頭上一把刀」，「能忍片刻，風平浪靜」；自古中國人就把「忍」視為最大的修養，並且以此傳家教子。所謂「成功不由別處得，唯依忍耐天下平」，能忍，則一生受用無窮。忍，不光只是忍氣、忍苦、忍怨、忍難而已，「忍」的意義很大，有四點說明：

第一、忍是一種力量：世間最大的力量是「忍」，忍的力量勝過一切刀槍拳頭。所謂「忍辱負重」，忍並非懦弱退縮，而是在養深積厚中承擔責任，其所蘊含的力量強大無比。美國總統林肯因為能夠忍耐別人的非難挑釁，而以幽默的態度從容應付，因此贏得全民的愛戴；中國名相蘇秦能忍「親人不以為親」而發奮「引錐刺骨」，終能佩戴六國相印，這都是能忍所發揮的力量，所以《佛遺教經》說：「能行忍者，乃可名為有力大人。」

第二、忍是一種承擔：所謂忍，就是外境加之於我的，不管有理、無理，當下都能接受，然後再加以化解、處理。佛教有名的白隱禪師，受人冤枉，只憑別人一句「這個孽種是你的」，從此帶著孩子四處托缽，化緣奶水，受盡別人的譏笑打罵，從不辯白，也無怨尤。由於他忍辱承擔，終於讓對方感動、懺悔，而成就一樁美滿姻緣。忍耐有時不僅為了自己，更是為了利益他人。寒山大師說「欲行菩薩道，忍辱護真心。」菩薩發心，猶能殺身成仁，捨身取義，這就是一種承擔。

第三、忍是一種功德：忍辱是一種陰德，可以增長福報。汐止彌勒內院的慈航法師，一日如廁後發現忘了帶紙，向隔壁同參化緣，豈料對方把用過的給他，但他不因被作弄而生氣，反在另一次為維護對方的人格，明知錢被其所偷，仍隱忍不說。經此之後，瘦小的慈航法師身相日漸發福，終如彌勒菩薩般慈悲莊嚴。《大集經》說，忍是安樂之道，忍能除貪瞋、邪見、兩舌，並得自在、端正、威力等功德。「忍」是不侵犯別人，而要求自己，甚至自我犧牲奉獻，所以忍是一種功德。

第四、忍是一種智慧：佛教講「忍」，有生忍、法忍、無生法忍。「生忍」就是為了生存，我必需忍受生活中的各種酸甜苦辣，不能忍耐，我就不具備生活的條件。「法忍」是對心理上所產生的貪瞋痴成見，我能自制，能自我疏通、自我調適，也就是明白因緣，通達事理。「無生法忍」是忍而不忍的最高境界，一切法本來不生不滅，是個平等美好的世界，我能隨處隨緣的覺悟到無生之理。所以忍就是能認清世、出世間的真相，而施以因應之道，是一種無上的智慧。

唐伯虎的「百忍歌」說得好：「君不見如來割身痛也忍，孔子絕糧餓也忍，韓信胯下辱也忍，閔子單衣寒也忍，師德唾面羞也忍，劉寬污衣怒也忍。好也忍，歹也忍，都向心頭自思忖，囫圇吞下栗棘蓬，恁時方識真根本。」忍，是天地間最尊貴的包容雅量，是宇宙中最偉大的和平動力！堅此百忍，方足以應付萬難；小不忍則亂大謀，甚至喪身失命，「雁啣龜」的故事就是一個最好的警惕。忍的意義有四：

第一、忍，是一種力量。

第二、忍，是一種承擔。

第三、忍，是一種功德。

第四、忍，是一種智慧。

忍耐

《佛垂般涅槃略說教誡經》云：「忍之為德，持戒苦行所不能及。能行忍者，乃可名為有力大人。若其不能歡喜忍受惡罵之毒如飲甘露者，不名入道智慧人也。」忍耐是世間最大的力量，尤其在人我是非之間生存，更須堅守百忍，方足以應付萬難。忍耐的好處有四點：

第一、休卻多少麻煩：狠話到了嘴邊，衝口說出，傷害很大，若能忍得下這口氣，就可以和睦相處；遇到艱難困苦，輕言放棄，所有努力都是白費力氣，若能忍耐一時，就多一份力量承擔。所謂「欲成佛門龍象，先作眾生馬牛」，凡事得忍耐。先忍之於口，是為下忍；再忍之於面，是為中忍；能做到凡事不動心，才是上忍。能夠忍得住，一切麻煩都會化為生

命的養料。

第二、增加多少歡喜：忍耐是天地間最尊貴的包容雅量，過去東西德打破矽立已久的柏林圍牆，互相交流；歐洲各國紛紛去除過去的成見，為設立共同市場而孜孜努力。可以說，忍耐是宇宙中最偉大的力量，難行能行，難忍能忍，最後一鼓作氣，排除萬難，終能饒益眾生，增添無限歡喜。

第三、泯滅多少代溝：時代日新月異，觀念代代不同，每個人都有許多不同的主張、理念和作法，彼此要相互尊重，容忍各種差異，長者不要倚老賣老，應常常吸收新觀念，年輕人也不要自以為是，要懂得承襲經驗。如此，不同世代能互讓一步，就可以相處融洽。忍耐是一種力量，是一種慈悲，是一種智慧，更是一種相處的藝術。

第四、消除多少怨尤：怨天尤人不但不能消除煩惱，反而更會製造問題，唯有忍耐能夠解決問題。工作的煩勞，為了責任要忍耐；生活的瑣碎，為了生存要忍耐；家人的叨絮，為了親情要忍耐。忍耐是認知真相，在面對榮辱毀譽時，更有勇氣面對。忍耐忙碌、忍耐奔波、忍耐勞累、忍耐疲憊，忍耐過後，人生會更美好，更開闊。

忍有三種境界：生忍，是為了生存，在人間必備的耐力；法忍，是轉識成智，運用佛法而產生的智慧；無生法忍，則是隨緣隨處能洞察一切事物本不生滅的自在境界。忍耐有四種利益：

第一、休卻多少麻煩。

第二、增加多少歡喜。

第三、泯滅多少代溝。

第四、消除多少怨尤。

能忍為高

一個人表現力量的方式有很多，例如以大聲、以拳頭等。其實，大聲不見得是力量，相反的，正因為他沒有力量，所以用大聲來掩飾；正因為他沒有力量，所以只有伸出拳頭，表示有力。真正有力量的人，不是大聲，不是拳頭，甚至不是刀、不是槍，真正有力量的是「忍」。能忍者高貴，能忍者高尚，甚至能忍者高明，為什麼「能忍為高」？有四點說明：

第一、忍難者必能奮鬥：一個人遇到艱難的時候，他可以接受挑戰，忍受得了挫折失敗，必定具有奮鬥的精神。鑑真大師東渡日本六次，終於抵達，成為「日本文化之父」；玄奘大師「寧向西天一步死，不回東土一步生」，其橫越沙漠，留學印度，集佛學家、譯經家、外交家、地理學家於一身的成就，可謂：「萬古仰完人，大漢聲威揚異域；千秋傳絕學，盛唐文物震全球。」所謂能忍難者，必能衝破難關。

第二、忍辱者必能知恥：有的人，你罵他，他不計較，甚至打他，他都不給你回報，不要以為他就是怕你，不是的，而是還沒有到那個時候。所謂「知恥近乎勇」，他能忍下一時的恥辱，忍下一時的困頓，他會知道要奮發圖強。有朝一日，他會爭出一口氣。

第三、忍氣者必能和諧：在很多的人事當中，最難忍的，就是忍一口氣。生氣時，可以自問一下：氣的價值多少？能有多久時間可以氣？你可以忍住一口氣，就能大事化小，小事化無。唐寅說得好：「是非入耳君須忍，半事癡呆半作聾。」小忍，個人是非，轉眼即過，大忍，如古人有謂「相忍為國」，這種識得大體，才能促進和諧，才是有大力量者。

第四、忍苦者必能甘美：古人說：「莫大之喜，苦盡甘來。」人生艱難困苦，無時無之。所謂「能受苦方為志士，肯吃虧不是癡人」，假如我能不怕苦，接受苦的試煉，把苦度過去，我的力量就大了。

什麼是忍？忍是認識，是化解，是處理，是擔當，是智慧，這就是一種力量。「能忍為高」，這四點意見，可以作為吾人修行的方向。

第一、忍難者必能奮鬥。

第二、忍辱者必能知恥。

第三、忍氣者必能和諧。

第四、忍苦者必能甘美。

後顧之慮

「人無遠慮，必有近憂」，做人不但要眼光看得高、看得遠，還要有「後顧之慮」，也就是要能看得清自己的前途，也要看得到後退之路，要懂得預留餘地，以便將來有個回頭轉身的空間，所以「後顧之慮」也是一種處世的哲學。

如何才叫有「後顧之慮」呢？有四點說明：

第一、晴天要備雨天傘：朱子治家格言說：「宜未雨而綢繆，勿臨渴而掘井。」凡事有備則無患，「有時」要思「無時」時，所以天氣好的時候要備妥雨傘，以防天有不測風雲；秋天時節要多積聚糧食，以便安心過冬；白天要準備好手電筒，則何怕黑夜來臨？甚至對於大自然的天災地變，人類雖然沒有辦法完全抗拒，但還是可以透過事前的預防來減少災難的傷害，所以居安要思危，晴天要備妥雨天傘，這是很正確的生活態度。

第二、上場念及下場時：人生沒有不散的宴席，人生也沒有不落幕的舞台。一齣戲劇，當曲終人散的時候，演員必然要謝幕下台；一場講演，當理念傳達之後，講者終要鞠躬下台，所以有上就有下，這是必然的定律。然而偏偏有的人不懂這個道理，所謂「上台容易下台難」，甚至有的高官大員，一朝上台得勢了，真是雞犬升天，可是一旦失勢後，失去了地位又該怎麼辦呢？所以當處高位的時候，就應該想到總有一天要下台，千萬不能盛氣凌人，到處樹敵，因為上場要念下場時。

第三、盛時要做衰時想：盛衰榮辱，人事更迭，這是人生難免的經歷。有的人少年得志，有的人家財萬貫，有的人才華洋溢，人緣極佳，到處逢源事事順利。但是你要知道，世事無常，月有陰晴圓缺，人也有生老病死，世間一切事都是成住壞空，當你輝煌騰達、盛極一時的當下，你可曾想過衰敗的時候怎麼辦？所以最好要早做預備，所謂狡兔有三窟，螞蟻儲糧過冬，蜜蜂也要釀蜜，人怎可沒有憂患意識？因此盛時要做衰時想。

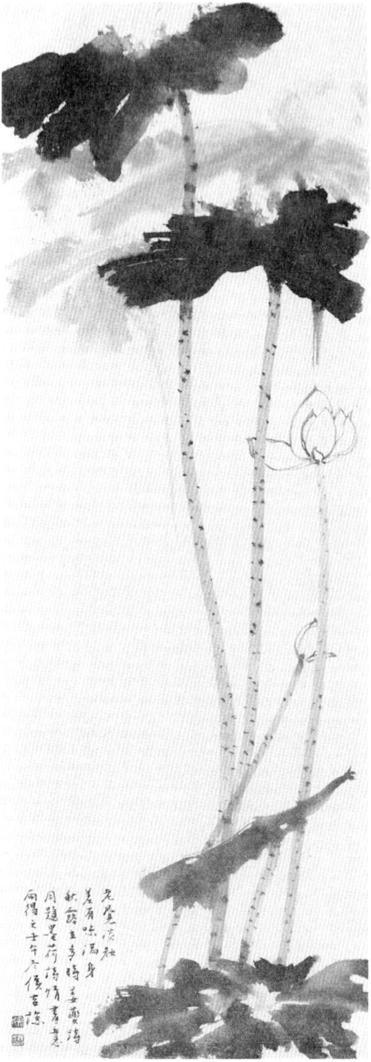

第四、順境要想逆境來：潮水有漲有落，人生有順有逆。當處逆境的時候，固然要懂得順境因；如果處在順境裡面，更要想到萬一逆境來時怎麼辦？所謂「當得意時，須尋一條退路，然後不危於安樂；當失意時，須尋一條出路，然後可生於憂患。」所以不管身處順境、逆境，唯有隨喜隨緣，才能找出通路。

總之，凡事豫則立，不豫則廢，懂得「後顧之憂」，自可免於遇事驚慌，舉足失措，因此「後顧之慮」的處世哲學有以下四點：

- 第一、晴天要備雨天傘。
- 第二、上場念及下場時。
- 第三、盛時要做衰時想。
- 第四、順境要想逆境來。

思慮與知過

世間人的才智有高下之別，心性有賢庸之分，有些人既聰明又賢能，有些人既老實又平庸。如果自覺是平庸的老實人，也不用自卑，平庸憨愚不是罪惡。我們寧可作個平庸的好人，也不要做機智的壞人；寧可沒有智慧，也不要作為害人間的聰明人。賢智與平愚，沒有先天的好或惡，只是要知道守智守愚的重要。在此提出四項要點，供大家思慮與知過：

第一、智者千慮，必有一失：有人自以為很聰明，在人際關係上八面玲瓏，在處事上面面俱到。為人處事能夠心思縝密，當然很好，但千萬不可自高自大。因為，聰明的人對問題雖然深思熟慮，偶爾也會失誤出錯，正是所謂的「智者千慮，必有一失」。即使聰明過人，也要能虛懷若谷。

第二、愚者千慮，必有一得：唐代貞觀八年，太宗徵調數萬民工建洛陽宮，人民苦不堪言，皇甫德上書直諫，太宗大為生氣，想治以重罪。魏徵勸諫太宗：「自古以來凡是臣下上書，不激切就不能動人主之心。常言道：『狂夫之言，聖人擇焉。』」太宗猛然醒悟，反而賞賜皇甫德二十匹布絹，以示鼓勵。《史記》說：「愚者千慮，必有一得。」雖然心智平庸，如能學習靜心思考，觀察入微，偶爾也會有一句好話，或提供一個好意見。

第三、智者改過，心知遷善：並不是才能過人，智慧高超的人，就不會有過失，只不過他知過能改。顏淵是孔子七十二弟子中最聰明的一位，但是令孔子最念念不忘的，是他「不遷怒，不貳過」的品性。聰明才智者，若只是改過，還屬於消極，更要積極的去過遷善，善用自己的才智做好事，為人間謀福利，才不辜負自己的智慧。

第四、愚者恥過，心知向上：平庸憨愚的人，能對自己的過失感到可恥，就是美德。所謂「知恥近乎勇」，知道過失的可恥，就是有慚愧心。在《百法明門論》中，「慚」與「愧」是十一個善心所之中的二個，這兩種心念均能使我們的行為更加光潔。一個人有了慚愧心，必定能力求向善向上，改過遷善。所以，雖然愚笨，只要恥於過錯，必定可以得救。

心智的智愚賢庸，與業力有關，非我們所能決定。但是，不管是聰明的賢才，還是平凡的庸才，只要能夠「思慮與知過」，都是人才：

第一、智者千慮，必有一失。

第二、愚者千慮，必有一得。

第三、智者改過，必知遷善。

第四、愚者恥過，必知向上。

退一步想

人生有前面的半個世界，也有後面的半個世界，一般人的眼光只看得到前面，看不到後面，因此每天在前面的半個世界裡，與人爭得頭破血流。其實有時候懂得「退一步想」，眼界會更寬，世界會更廣。「退一步想」蘊含無限的人生哲理，說明如下：

第一、狡辯不如木訥：做人最大的修養，就是無諍。有的人好與人辯，凡事總要爭個高低，辯個輸贏。其實有理不在高聲，理不是狡辯得來的，所以如果無理的話，儘管你再怎麼能言善道，唇槍舌劍，理也不會站在你這一邊。反不如木訥的人，與人無諍，更讓人覺得他通情達理，所以木訥反而能表達道理。

第二、多言不如沉默：俗語說：「多言不如多行」，所謂「多言」，也就是不當言而言、不必言而言，都是多言。有的人好講話，別人講一句，他可以滔滔不絕的講個十句、二十句，甚至十幾二十分鐘。其實「言多必失」，多言不但取厭，而且是招怨之由，所以古人惜言如金，所謂「沉默是金」，又說「危莫危於多言」，實乃智慧之語。

第三、妄動不如待機：《佛光菜根譚》說：「心不妄念，身不妄動，口不妄言，君子所以存誠。」有的人好表現、好出風頭，常常在事情還未定案，機緣尚未成熟時便搶先行動，以致功敗垂成。就如唱歌，如果搶先一拍，必然走調。所以凡事要待機，機就是機緣、機會、機遇；機緣未到，不可以輕舉妄動，否則功虧一簣，得不償失，因此，凡事不妄動，動必有道。

第四、忙亂不如條理：「有計畫，則不亂；有分工，則不忙。」有的人做事沒有條理，亂忙一通；有的人跟在別人後面窮忙，甚至愈幫愈忙。其實不管做人、做事，理路要清楚，要懂得靈巧，儘管事情再多、再忙、再亂，要懂得從忙亂中理出頭緒來，所謂「亂中有序」，千萬不能盲目的亂忙，如此不但事倍功半，也失去了從工作中學習的機會。

退一步想，就是一種逆向思考；退一步想，才能超越原有的框框；退一步想，世界會更寬廣。「退一步想」有四點：

第一、狡辯不如木訥。

第二、多言不如沉默。

第三、妄動不如待機。

第四、忙亂不如條理。

寬廣之理

我們常形容，宇宙好大，虛空寬廣，乃至大海壯闊、高山峻拔，這「大、廣、闊、拔」，都有一個「寬廣之理」，如何從這宇宙虛空、山河大地學習寬廣深厚的道理呢？以下四點意見：

第一、河以蜿蜒故能遠：河川因委蛇蜿蜒，故能淵遠流長。你看，印度恆河、中國長江、黃河，無不納百川、收石岸，而曲折綿長，氣勢磅礴。我們為人處世也是一樣，遇到瓶頸困境時，能如河水，遇山、遇石，不怕障礙，婉轉以待，就有迴轉的餘地。真淨禪師云：「心隨萬境轉，轉處實能幽；隨流認得性，無喜亦無憂。」因此，懂得像河水一樣蜿蜒，必能扭轉乾坤，寧靜致遠。

第二、山以重疊故能高：所謂：「泰山之高，非一石也，累卑然後高。」山之所以嶙峋峻拔，是起於微塵，層疊高起。而「干天之木，非旬日所長」，也無不說明萬物生長，需要養深積厚，具備累積之功。因此，吾人更應自我惕勵，要想「欲窮千里目」，就得要有重重疊疊的努力，才能「更上一層樓」。

第三、心以涵蘊故能容：古德云：「唯寬可以容人，唯厚可以載物。」人我之間，之所以會有許多紛爭、煩惱，都是出於氣量狹小。反之，若是不斷擴展自己的心量，涵容一切，蘊藏十方，把萬物、眾生都包納在自己心中，不錙銖計較，自能「心包太虛，量周沙界」，身心寬闊，神怡意遠。

第四、氣以進出故能平：「氣」，有進有出，一呼一吸，才能平和，沒有說只能呼，或只能吸，而平順的。因此，「氣」要有進有出、有來有去才能通暢。我們的心，也是一樣。你吸進貪瞋癡種種煩惱不平之氣，不排遣、不化解，如何平衡？所以氣要能進能出，心要能寬能廣，盡其虛空，遍滿法界，無所不包，無所不容，就能開闊，自得平和。

「為學要如金字塔，要能博大要能高；為學要如群山峙，一峰突出眾峰環。」成長，從小處慢慢增長，知識，從有限慢慢增多。要讓自己進步，就要學習河的蜿蜒、山的重疊、心的涵容、氣的進出，培養寬廣的胸襟，體會寬廣的道理，人生才能遠，才能高，心中才能容，才能平。

第一、河以蜿蜒故能遠。

第二、山以重疊故能高。

第三、心以涵蘊故能容。

第四、氣以進出故能平。

不亂

有人說現在社會的秩序很亂，現在政府的人事很亂。日常生活中，我們不也常在亂裡生起無明、雜念嗎？其實亂並不可怕，只要知道亂源在那裡，正本清源，就能解決問題。如何將紛亂歸於清淨呢？有四點看法：

第一、不亂說而有誠信：我們在社會上與人交往，須秉持「有幾分則說幾分話」的原則。隨意妄語不實，顛倒是非，即使短時間察覺不出來，但是「日久見人心」，只要讓人聽出虛假、欺騙，就很難再得到別人的信任，尤其在凡事講求實證的文明時代，無法確認的言語，如果信口胡謅，不但給自己惹下禍端，也會對別人造成莫大的影響與傷害。

第二、不亂行而有威容：君子潔身自愛，凡不符合道德的地方，不去；非法的言論，不說；非法的道理，不信；會亂人眼目的，不看，自然能養成浩然正定之氣，進退得宜，行止合度而威儀具足。

第三、不亂交而能保身：每個人都需要朋友，但是交朋友一定要經過審慎選擇，注意對方的品性、道德。古人言：「近芝蘭，則氣味日馨；近惡臭，則污穢日增。」如果交到壞朋友，整天游手好閒，吃喝玩樂，甚至為非作歹，跟這樣的人為友，即使不被薰染變壞，也難保有一天，不會因對方做了壞事而牽連受害，所以，不與品性不良的人做朋友，是自保之道。

第四、不亂嫉而能有容：做人，要有「希望別人好」的氣度。社會上有些人見不得別人好，只要看到有人比自己好、比自己強，就心生嫉妒，甚至打擊、障礙對方，最後弄得同歸於盡。嫉妒猶如一把火，不只是燒毀一個人才，而是燒毀整個社會的成就。人，要能互相助成，互相讚歎，要有「沾光」的心態，對於他人的成就、榮耀，能夠樂見其成，隨喜功德，就是一種心量的修行。

不論修行或待人處事，最高理想是能夠「一心不亂」；鎮日在貪瞋癡裡流轉、追逐，當然無法將心安住在正念之上。如果能夠不當做的不做，不當說的不說，所行所做合於律法、規矩，就能治心不亂，不為誘惑所亂，不為無明所擾。「不亂」的四種方法是：

第一、不亂說而有誠信。

第二、不亂行而有威容。

第三、不亂交而能保身。

第四、不亂嫉而能有容。

承擔的定義

成功是一連串經驗的累積，做人要勇於承擔責任，要肯付出才能傑出。欲培養承擔重任的力量，首先要從自我認識、自我訓練做起，尤其不必諱言或逃避自己的短處，能夠勇於面對自己的缺點的人，才能進步。承擔的定義就是：

第一、對事不推諉：與人共事，最怕遇到居功諉過的人，有功是自己的，有過則推得一乾二淨，這種人沒

有人願意跟他共事。另有一種人，遇事推諉，永遠不敢承擔重任，這種人前途有限。最好的做事態度，就是對事不推諉，這種人直下承擔，大部分都是能幹型的人，所以較能受到主管的重用，比較有機會承擔重任，自然成就非凡。

第二、對人不官僚：做人免不了要面對大眾，面對大眾一定要對人謙虛、禮讓、尊敬，才能獲得別人的歡迎。有的人做事喜歡打官腔，喜歡擺架子，就被稱為官僚。有官僚氣息的人，當別人有求於他，不僅不給人方便，甚至以磨人為樂。這種人缺乏與人為善的修養，其實也顯示自己的能力不足，所以有承擔力的人，對人絕對不官僚。

第三、對己不散漫：人生在世，要想有一番作為，除了別人的助緣以外，最重要的是自己本身要健全，例如學識才能要具備、胸懷眼界要高遠，身體心理要健康、生活作息要正常等。尤其要有積極進取、奮發向上的精神毅力，時時保持精進樂觀的動力，不可懈怠、退縮、萎靡、散漫，如此才有能力、精神、體力承擔重任。

第四、對主不怨言：承事主管，要任勞任怨如大地，大地能長五穀、冒甘泉，卻任人踐踏而默默無言。為人屬下者，也應具有成就主管的心胸，凡事多承擔，多受委屈，如此必能受到上司的賞識。反之，如果經常抱怨發牢騷，主管自然不會重視、提拔你。所以如何與主管相處？最重要的是不要有怨言，要有「居下猶土」的修養。

一個人能夠承擔與否，往往就看他吃虧上當的功行有多深。吃得起虧上得了當，還能甘之如飴，面不改色，才能造就包容天地、忍耐異己的胸襟。所以承擔力的定義有四點：

- 第一、對事不推諉。
- 第二、對人不官僚。
- 第三、對己不散漫。
- 第四、對主不怨言。

如何豁達

有一句話說：「成熟的人不問過去，聰明的人不問現在，豁達的人不問未來。」心胸開闊的人，把握當下，心裡沒有半點障礙，人生任何處境，都能面對處之。如何才能豁達呢？以下四點：

第一、發財不如發心：《勸發菩提心文》：「入道要門，發心為首。」發心，是肯定自己的力量。從發心中，可以擁有無盡的財寶。發心工作，會獲得成就感，你努力付出，也會增加升遷的機會；發心研讀，能讀出學問的趣味，智慧知識愈來愈廣博；發心修行，內心多一層體悟，自然多一份自在。世間的財富，會有用完的一天，發心的財寶取之不盡，用之不竭。

第二、改運不如改心：俗話說：「烏鴉的聲音不改，飛到哪裡都不受歡迎。」一個人如果心念不正，看什麼都是歪的。如果不想被命運束縛，就要改變自己的心念，把污穢的心，改為清淨的心，把邪惡的念頭，改為純正的念頭；改掉情緒化的脾氣，改掉逞強好鬥的個性，運氣自然會好轉起來。

第三、治世不如治心：社會上有環保問題、經濟問題、民生問題、治安問題、青少年問題……種種問題層出不窮。面對這些社會的沉痼，有人希望用嚴刑峻法，有人希望用種種條規約束，這都還是治標不治本。真正的問題出在人心，從人的自私、嫉妒、瞋恚、邪惡的心治起，大家的心治好了，這些問題就會有所解決。

第四、救人不如救心：有一則〈中山狼〉的故事，敘述東郭先生救了一匹狼，反而差點被狼吃掉，比喻不從心救，縱使救活，牠還是不離舊習。該如何救人呢？貧窮的人，要幫助他有謀生的能力；懶惰的人，要激發他奮發向上的力量；苦悶的人，要幫助他建立正向的人生觀。救了他的心，他的人生就跟著提升了。

豁達的人，處在困境能夠安忍，處在順遂樂於助人，處在疑惑找出答案，無論何境，都能為生命找到出路，因此能隨遇而安，隨緣生活，隨喜而作，隨心歡喜。想要豁達，有以上四點方法。

第一、發財不如發心。

第二、改運不如改心。

第三、治世不如治心。

第四、救人不如救心。

自我超越

現代人凡事講究超越，超越現實、超越別人，甚至超越時間、空間，其實最重要的是超越自己。所謂「丈夫要有沖天志，不向如來行處行。」人的潛能是無限的，但需要被開發才能顯現出來。「自我超越」有四點：

第一、超越心智：我們的心可以有多大？無量無邊。所以擴大我們的心，就是超越；我們的智慧有多少？即使你很聰明，但是天外有天、人外有人，還是有人比你更聰明，因此我們要自我超越，才能將智慧開發到極致。佛陀是一位覺者、一切智者，無所不知、無所不明，我們也應該學習明白人、明白理、明白事，才能成就大智慧。

第二、超越能力：常有人感嘆自己的能力不足、學識不高，其實每個人都不應該貶低自己的能力，不應該畫地自限，因為能力是可以訓練的，一旦潛力發揮，能力將會提升，最重要的是在於你的用心有多少，勤勞有多大，產生的力量就有多大；你的恆心有多長，進步就會有多少。

第三、超越古今：有的人喜談過去的豐功偉業，卻忘失當下應做的努力；有的人喜談現在的成就，而忘記歷史是一面鏡子，能可以鑑古推今，文化、道德可以昇華人格。其實過去的未必全好，現在的也未必都對，要能超越古今，才能博古通今；要能超越古今，才能豁然貫通。

第四、超越時空：有的人上班八小時，只做八小時的事情，但是有的人，同樣是工作八小時，卻可以做二十小時、三十小時的事情，因為在同樣的時間裡，他懂得精簡手續、提綱挈領；相同的道理，空間雖然不大，但是你的心大，就能超越空間的局限，好比阿彌陀佛的無量光、無量壽，是超越了時間、超越了空間的真理。

人生因為「無常」，沒有定型，所以有無限的超越空間；人的潛力無窮，不應荒廢，所以應當積極開展。人要能自我超越，才能創造美好的、積極的人生，「自我超越」有四點：

- 第一、超越心智。
- 第二、超越能力。
- 第三、超越古今。
- 第四、超越時空。

十里荷風
陣陣香
臺北植
物園以
荷花池
名數十載
荷葉
翻動一
置身其
壬午六月
歸後寫
侯吉諒

卷三 智慧之喻

智慧是人人本自具有的，
無論是從聞、思、修得來，
或從文字、從觀照、從實相而得，
只要開發內心自性，則智慧無處不在。

圓融之難

我們稱佛陀為「兩足尊」，是因為佛陀福慧兼修，以福慧圓融而成正覺。圓融很重要，卻不容易做到。「圓融之難」有五點：

第一、學道不難於慧解，難於證悟：不管是世間或出世間學，書中的道理，只要認真都不難理解。例如數學上的三角函數、幾何學、微積分雖難，練習久了，也會掌握其中的訣竅。佛經的微言大意，雖不易了解，只要勤聽講、背誦，久之，也多少能理解。可是，「知」道不難，「行」道難；慧解不難，證悟難。再好的道理，沒有親自實踐、體證，也無法悟道，無法真正的受用。

第二、發心不難於勇銳，難於持久：佛門有句警語：「菩提心易發，恆常心難持。」一個人很容易為了一時的感動，而立大志、發大願，如我要為社會、國家奉獻、我要努力修行、我要用心辨道。但是，這樣猛銳的心，卻往往難於持久，只有五分鐘的熱度。俗語說：「君子立恆志，小人恆立志。」要有所成就，不只要具備初發心的勇猛，更須保持恆常心。

第三、涉世不難於變化，難於慎重：許多人擁有八面玲瓏的處世技巧，能順應環境和人際的需求，優遊自在地浮沉於人生洪流裡。可是，在任何變化中能堅守不變的原則，能有外圓內方的智慧，能有耿介不阿的風骨，如此不變隨緣、隨緣不變的圓融，就非常不容易了。

第四、做事不難於敏達，難於深忍：我們做什麼事情，要達到敏捷快速，具有視實際情況而通權達變的機智並不難；困難的是耐煩、耐怨、耐譏、耐辱。對於別人的辱我、罵我、欺我、謗我、笑我、輕我……，捨得禪師說只要「忍他、由他、耐他、讓他、不理他」；我們會覺得處處難過，就是沒有「忍他、由他、耐他、讓他」的深忍功夫與智慧。

第五、研義不難於接受，難於精確：讀書、做研究，要接受書中的道理，並不困難；困難的是如何精確理解。佛陀說法時，總不厭其煩地告訴弟子：「諦聽！諦聽！善思念之！」諦聽，是第一層功夫，專心聽講，才能真正聽到和接受。

「善思念之」是第二層功夫，不僅要注意聽，還要用心思考，唯有思考之後，才能真正理解，而不會誤解、錯解。

事與理能夠兼具、兼顧，就是圓融。圓融之道有其甚深的智慧，希望大家在日常生活中都能惕勵敬謹，自我期許早日達到圓融的境界。

- 第一、學道不難於慧解，難於證悟。
- 第二、發心不難於勇銳，難於持久。
- 第三、涉世不難於變化，難於慎重。
- 第四、做事不難於敏達，難於深忍。
- 第五、研義不難於接受，難於精確。

欠缺之圓

有些人希望自己能有完美、圓滿、至善的人生，希望擁有最好的際遇，而不要有所欠缺。但是這個世間上沒有真正完整無缺的，蘇東坡說得好：「人有悲歡離合，月有陰晴圓缺，此事古難全。」人生就因為有些缺憾，才懂得珍惜，懂得努力，而也在期待「更圓滿」的過程中，希望無窮。

第一、物忌全有：一個人什麼都有了，財產多不可勝數，物質豐厚不可知數，學歷達到最頂尖，甚至家庭美滿，妻賢子孝，什麼都俱全，有時也會茫茫然若有所失。因為「高處不勝寒」，不知接下來還有什麼需要用心奮鬥的。物不求全，反而有努力的空間及趣味。

第二、人忌全美：《莊子・德充符》描述一個相貌極為醜陋的哀駘它，男人與他相處之後，就會思念他，不想離開他，女人與他相處後，甚至想嫁給他。孔子說，這樣的人是因為他的德性感動了人，讓人接受，喜歡親近他。一個人若求十全十美，又美貌，又有才幹，又十項全能，文科理科全會，詩書藝術都懂，即使不自高自傲，也容易讓旁人自慚形穢，而不敢與他親近。

第三、事忌全盛：《易經》乾卦九五的爻辭說「飛龍在天」，意指地位極尊，處境極優之時，如同在天上一般得意。可是，若再上一層的「上九」，爻辭就是「亢龍有悔」了，意思是：地位到了頂峰，權勢接近極巔，事務之盛到接近極強處時，就要當心由於「滿」而遭到敗亡之禍。因此，做什麼事不一定要求最大、最盛、最好。

第四、心忌全滿：「滿招損，謙受益」，雖是老生常談，卻是人間至理。一個人志得意滿，易起高慢之心，別人的勸誡，任何教誨、訓示都容納不了，就像一只裝滿水的水壺，再也容不下一滴水。一個人心太滿了，就只能故步自封，難有什麼進步。一山還有一山高，強中自有強中手，還是謙虛一點好。

俗話說：天妒紅顏、天妒英才。太求圓滿了，連老天爺都要嫉妒呢；讓老天爺嫉妒了，還能有什麼好？一個人能欣賞殘缺的美麗，享有殘缺中的圓滿，才能夠體驗人生的真滋味。

第一、物忌全有。

第二、人忌全美。

第三、事忌全盛。

第四、心忌全滿。

巧之妙

美人，巧笑倩兮，引人目光不移；百花，鬥巧爭奇，惹人稱讚不絕；女紅，精緻小巧，令人愛不釋手。佛陀說法度眾，運用巧妙譬喻；禪師點撥學人，也要給你靈巧。人無論學習什麼知識，學習什麼技術，最重要的就是學習一些巧妙。巧妙之道有四點看法：

第一、巧匠成就事業：《孟子》：「公輸子之巧，不以規矩，不能成方圓。」能工巧匠，能鍛爛鐵成精鋼；慧心巧手，能化腐朽為神奇。魯班以他的巧工，成為工匠祖師；嫘祖以她的巧手，成為蠶桑之神。美國人強思頓，為解決綁鞋帶的不方便而發明拉鍊；日本SONY企業董事長盛田昭夫，為滿足人們隨時可以聽音樂的欲望而發明「隨身聽」。生產現代科技、商品，也必須要有巧慧，製造的產品才能獲得大眾的選用與喜愛，所以，一個人要有慧心巧思，事業才能成功。

第二、巧婦成就家業：靈巧慧性的家庭主婦，蕙質蘭心，她會把菜做的美味可口，把家布置得乾淨整潔，為丈夫打點得清清爽爽，幫孩子裝扮得漂漂亮亮。她懂得如何與鄰居往來聯誼，知道怎樣協助丈夫的事業。家中一幅畫的擺設，一盆花的插放，都會顯出她的靈思巧慧。因此，有巧慧的女主人，家業容易成就。

第三、巧心成就智慧：一個人有巧心，就會流露智慧巧語。圓瑛法師一句話「不用打了，我自己走」，化解了尷尬場面；丹霞禪師因為一句「選官何如選佛」的提醒，成就了法身慧命。有巧心的人不會呆板滯礙，有巧心的人明理通達，在做人處世、應對進退之間，都能慈悲以對，成就

智慧。

第四、巧慧成就人緣：有靈巧智慧的人，懂得為人留一點餘地，知道為人多一分設想。所謂「小小的用心，累積無量的緣分；小小的資本，成就宏大的事業」。一個人心中有別人，就能豎窮三際，橫遍十方；一個人眼裡有世界，就會觀照四方，面面俱到。所以，日常生活中懂得處處以巧心智慧體貼別人，就能廣結人緣。

玄奘大師以方便善巧度化窺基大師，佛陀以吉祥草喻巧化眾生苦惱；巧是貫通的慧解，是敏捷的反應，是活用的經驗。「養成大拙方為巧，學到愚時才是賢」，每一個人、每一件事情，甚至於每一句話、每一個念頭，都要有巧妙。沒有靈巧不能成功。因此，巧妙之道有四點：

第一、巧匠成就事業。

第二、巧婦成就家業。

第三、巧心成就智慧。

第四、巧慧成就人緣。

智慧之喻

人類有了智慧，才能分辨美醜、邪正、真偽；有了智慧，才懂得深思，揀擇是非善惡，斷除煩惱。菩薩行六度波羅密，也要以般若智慧為導航，行於布施、持戒、忍辱、精進、禪定，一切修行才能圓滿。智慧之喻，有四點：

第一、智慧如金剛，利斷煩惱：金剛是世間最堅硬的寶石，不是一般物質可以破壞的，用它當武器，不但堅固且銳利。因此佛教常以金剛的功用，比喻智慧能摧破一切無明，斷除一切煩惱，去除惑業障難，還能令眾生驚覺，如文殊師利菩薩的慧劍，斬斷情牽束縛，擺脫名枷利鎖。

第二、智慧如日月，撲滅黑暗：夜以繼日的趕路者，因為有月光的引導，帶來許多方便；東方日升，黎明一至，趕走昏暝長夜，把眾生從沉睡的迷夢中喚醒，開始活力充沛的幹活。黑暗如同眾生的苦惱、愚癡、無明，智慧之光好比日月，能照除一切暗昧不明，除去諸多疑惑，而掌握確定的方向。

第三、智慧如傘蓋，庇蔭眾生：傘蓋代表尊貴、權勢、富足、勝利、自在，一般的傘能遮擋免除炙熱、日曬、雨淋之苦。智慧的傘蓋，不但能隔離塵囂擾攘，遠離垢穢污染，還能善觀因緣，巧妙處理問題，抉擇善法，扭轉阻礙，摒棄惡法。擁有智慧的傘蓋，不會被困境打倒，不僅保護自己，也能庇蔭他人。

第四、智慧如虛空，含藏萬物：智慧像虛空般廣大，遍周法界，包羅萬象，日、月、星宿，山、河、大地，惡人、善人，惡法、善法，全都含藏在虛空之中。智慧之心，靜時一念不生，絕諸顛倒，如如不動，萬物同體；動時諸根並用，萬善圓彰，心所行處，無諸障難。

智慧是人人本自具有的，無論是從聞、思、修得來，或從文字、從觀照、從實相而得，只要開發內心自性，則智慧無處不在。智慧如明燈，精進如燈芯，善行如燈油，功德如燈光，內在的智慧付諸於實踐，才能發揮生命的真諦。

智慧之喻有四點：

- 第一、智慧如金剛，利斷煩惱。
- 第二、智慧如日月，撲滅黑暗。
- 第三、智慧如傘蓋，庇蔭眾生。
- 第四、智慧如虛空，含藏萬物。

智慧之用

每一個人都擁有如大海般的智慧寶藏，此智慧深邃廣闊，有著不可思議的妙用。《大智度論》言：「內心智德厚，外善以法言，譬如妙金剛，中外力具足。」擁有智慧的人，能看清世間真相，長養善法，而得清淨、富貴。究竟智慧有何妙用呢？有以下四點譬喻：

第一、智慧如地，長養眾善：大地能夠生長萬物，智慧也是一樣，能夠長養眾善。所謂「菩薩畏因」，菩薩具有甚深智慧，能明白因果的本末，時時處處皆具自覺力，所以能長養善法，常遊畢竟空。有智慧的人，也懂得修福積善，凡事能以積極、善美的角度面對和處理，自然能培植福德，長養眾善。

第二、智慧如水，洗淨垢穢：唐朝悟達國師過去世時，曾與晁錯結下冤仇，此世當了國師，一念傲慢心生起，晁錯得以化成他膝蓋的人面瘡，讓他劇痛不堪。後來，因為智慧力及三昧法水的洗滌，終能化解，生命也因之昇華。《文殊師利問經》有言：「諸過為垢，以智慧水，洗除心垢。」智慧就像山澗潺潺清水，能洗淨身心的垢穢，讓人沁涼自在，坦蕩安樂，獲得重生。

第三、智慧如風，吹散憂悲：智慧如風，能吹散憂悲苦惱。有智慧的人，明理冷靜，不以情緒處事，不會隨著外境而患得患失，起伏動心。面對種種批評毀謗、挫折困頓，都能視為磨練身心的逆增上緣，而從中創造另一番光明的天地。

第四、智慧如船，能度苦厄：有智慧的人，能洞察事相，對世間具備正確的認識和了解，不會為煩惱所縛所轉。因此，佛陀在《佛遺教經》裡勸勉佛弟子：「實智慧者，則是度老病死堅牢船也，亦是無明黑暗大明燈也，一切病者之良藥也，伐煩惱樹之利斧也。」有了智慧，明白宇宙因緣果報、苦空無常等真理，自然能遇苦不以為苦，而坦然自在了。

大鑑禪師云：「身喻世界，人我喻山，煩惱喻礦，佛性喻金，智慧喻工匠，精進勇猛喻鏨鑿。」我們如果能像工匠一樣，精進勇猛，持續地鏨鑿，終有一天可以體得智慧的妙用。

第一、智慧如地，長養眾善。

第二、智慧如水，洗淨垢穢。

第三、智慧如風，吹散憂悲。

第四、智慧如船，能度苦厄。

可與不可

人生存在這世間，有很多可與不可的事。像古人說的「歹路不可行」、「害人之心不可有，防人之心不可無」，都是警惕人們行事要謹慎小心。「往者不可及，來者猶可待」，說明過去已無法改變，後悔、懊惱都無濟於事，只有把握現在的因緣，未來還是有希望。那些可？那些不可呢？有以下四點：

第一、做人可善不可惡：心有十法界的分別，存好心，惡人也會成為善人；心趨向惡，好人也會變成壞人，善惡之間全取決一心。所謂：「善似青松惡似花，看看眼前不如它，有朝一日遭霜打，只見青松不見花。」為善，可能看不到立竿見影之效，但累積福報善緣，終成大善；為惡，可能滿足一時快意，但自傷傷他，自嘗惡果時，只有自己受苦，實在不可小視。因此做人可善不可惡。

第二、立志可大不可小：有一句話說：「心量有多大，成就就有多大。」立志小，心量當然有限；立志大，利益千萬人，成就當然無限。你立下大志，有願景、有目標，就能經得起時間、挫折的考驗，煩惱、苦惱的試煉，忍耐得了千辛萬苦。因此，無論做任何工作，甚至修行，能夠立下大志願，努力實踐，成就會在前頭等著你。

第三、說話可易不可難：有人說話喜歡繞圈子，讓人聽不懂他要說的重點；有人喜歡咬文嚼字，讓人聽得一頭霧水；有人為了表現自己很有學問，繁複論述，大家只有似懂非懂。其實，講話最重要的是簡單明瞭，深入淺出，讓人聽得懂，才能達到講說的目的。

第四、做事可好不可壞：現代社會上，許多價值觀被扭曲。例如有人為了出名，不惜以身試法；有人為了金錢，不顧骨肉親情，這樣的行為，一生還會有什麼未來前途呢？做人除了存好心、說好話，還要做好事，我幫助你，你幫助他，效法觀世音菩薩的精神，伸出雙手，施予慈悲，救苦救難，讓我們的周遭、家庭、社會、國家，都能有善行的循環，那麼當下就是一片淨土了。

情意是「只可意會，不可言傳」；因緣是「機不可失，時不再來」；有些人是「只可同患難，不可共安樂」，但也有人是「三軍可奪其志，匹夫不可奪志」；世間無論做人處世，都有種種的可與不可，能否安全過關，就靠我們智慧的判斷與選擇了。以上這四點，可以作為我們參考。

第一、做人可善不可惡。

第二、立志可大不可小。

第三、說話可易不可難。

第四、做事可好不可壞。

過失

常言道：「人非聖賢，孰能無過。」這是古德勉勵我們不怕犯過，只要能改過。過失，確實是難免有的，但重要的是，不能以此為藉口，要知道自己的錯誤，知道改過。遺憾的是，很多人不斷的犯過，可是他就是不肯承認、不肯改過。尤其，一個人若只看到別人的過失，看不到自己的錯誤，就永遠不會進步。「過失」有那幾種？以下四點：

第一、他人的過失，在我們眼前：我們的六根總喜歡攀緣外境，看到別人做的不對、說的不對、行為不好，這也不行，那也錯誤，把別人的過失看得清清楚楚。其實，終日尋看別人過失的人，他自己的苦惱必定愈來愈多，甚至無法負荷。只有對別人過失，以寬宏的心來包容，那麼他的煩惱才會愈來愈少，心量才會愈來愈大，世界也才會愈來愈寬廣。

第二、自己的過失，在我的背後：人對於自己犯的過經常看不到，為什麼？因為一般人最大的弱點就是護短，他總是習慣寬恕自己、原諒自己。不敢面對自己的過失，那也罷了，更嚴重的是，覆藏自己的過失，把自己的過失藏在背後。一個看不到自己過失的人，人生想要有所突破、進展，人格要有所昇華、超越，那是很難的了。

第三、語言的過失，在壞事傷人：人最容易犯的過失，就是這一張口。常常有人形容，某人是「烏鴉嘴」，意思是說話像烏鴉叫，人家不歡喜聽；或是某人言語尖酸刻薄，話裡帶刺、帶刀，這些話說來傷人，甚至會「成事不足，敗事有餘」。

第四、心裡的過失，在謀人害己：蕅益大師說：「境緣無好醜，好醜

起於心。」心，有了過失更可怕，有時候心裡犯下貪、瞋、愚癡、邪見、妒嫉，人家不知道，其實自己心裡最明白。甚至有時起了這樣的心念，自己都沒有察覺，在瞋怒他人的同時，已造惡傷害到

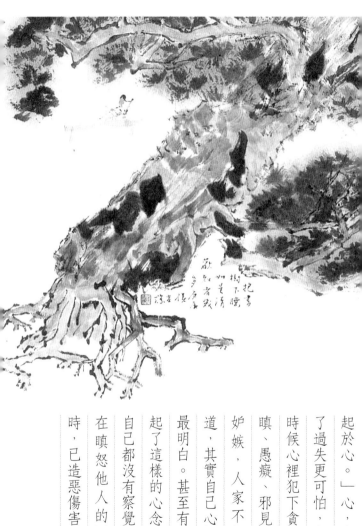

自己。這就是謀人害己，實在得不償失。

因此無論是他人的、自己的、語言的、心裡的過失，自己要改。自己不改，小過失累積多了，就會成為大過失，屆時，人家已不能容納我們、不能原諒我們。

惠能大師曾說：「自己心中沒有過失、罪惡，沒有嫉賢妒能的心理，沒有慳貪瞋忿的念頭，沒有劫掠殺害的意圖，這就叫作戒香。」遠離了以上這四種「過失」，我們自身人格也會擁有戒香。

第一、他人的過失，在我們眼前。

第二、自己的過失，在我的背後。

第三、語言的過失，在壞事傷人。

第四、心裡的過失，在謀人害己。

行走世間

近年以來，由於社會講求道德的聲音低落、價值觀念的偏差，導致現今亂象叢生，上下、同儕、群我等倫理人際關係失序。生存在這紛亂無序的世間，應該本著什麼樣的心念做人處世呢？有以下四點：

第一、對世間不望益我：現代社會大多以利為導向，養成利益薰心，貪求欲望的習氣，許多人念念只想父母、朋友、別人能給我什麼，而不想自己能給人家什麼？一味只想別人給我，就是表示自身的貧窮。《寶王三昧論》說：「見利不求爭分，利爭分則癡心妄動」，假如對世間不望益我，對得失不希不求，你就不會患得患失，隨著世間紛擾起舞。

第二、對他人不妒人有：佛陀曾開示：「不嫉妒他人，即能擁有大威德。」對於他人獲益，存著「不妒人有」的心，為他祝福、為他歡喜，甚至為他助成，自然會增長福德因緣。反之，凡事只會比較、計較、嫉妒，身心不但倍受煎熬，也容易引起人事的不和。因此懂得隨喜功德，以欣賞、讚歎的角度，看待他人的榮耀與成就，必能從中擴大自己的涵養與氣度。

第三、對事業不怕艱苦：想成功立業，出人頭地，就要不怕艱難困苦。古人成就功名，沒有不經過一番寒窗苦讀；要一技在身，也需要多年拜師學藝、苦練功夫。反觀今日，許多人禁不起一點挫折、打罵、批評，只有一事無成。要想成就大事，就要有「佛道無上誓願成」、「眾生度盡，方證菩提」的大勇氣與大願力，對學業、事業，不畏艱苦、不求速成，不把難字掛嘴邊，那麼，再艱難困苦的事也能成功。

第四、對辦事不諉過失：無論我們智慧多高、能力多強，做事總免不了有過失的時候，如何能「不諉過失」呢？子貢以為：「君子之過也，如日月之蝕焉。過也，人皆見之，更也，人皆仰之。」一旦有了錯誤，要能自我承擔，懂得改進，切勿推托、講理，如此不但為人詬病，自己更無法進步。所謂「靜坐常思己過」日常生活、做事，時時刻刻反省、懺悔，才能顯現無遺，為人敬佩。

行走世間，不論對人、對事，能不望益我、不妒人有、不怕艱苦、不諉過失，還怕不能成就完美的人生嗎？

第一、對世間不望益我。

第二、對他人不妒人有。

第三、對事業不怕艱苦。

第四、對辦事不諉過失。

經驗

一個人在世間上慢慢成長，經驗會帶給我們智慧，經驗會帶給我們成功。而「經驗」的累積，無不是所謂「上一次當，學一次乖」，不知吃了多少虧、受了多少苦，才能學到，所以人生歷練上，最可貴的是經驗。有了經驗，不但學術、知識、技術豐富了，做起事來，也會老成持重，避免走許多冤枉路，這些都是很寶貴的。提供以下四點參考：

第一、不經一事，不增一智：所謂「事非經過不知難」，一個人沒有經過事情的磨練，就不知道事情的經過、因緣、是非、好壞，不知一件事情的成就，是必須遇到多少的艱難、困頓。不經過一件事情，就不會增長智慧，對人、對事的認識也會不夠。因此，年輕人凡事應該多參與、多學習、多體驗，不怕失敗，不怕重來，慢慢的會帶來自己的成功。

第二、不習一藝，不長一技：常言道：「萬貫家財，不及一技隨身。」一個人要想成功立業，一定要學習多種技藝。像現代人具備駕駛、打字、電腦等能力，都還只算是基本的技能。除此，你要學有專長，好比護理、醫療、會計、烹飪、行政、教師……習得一藝，就能長於一技。在一技上專精了、經驗多了，還怕在世間上沒有人用你嗎？

第三、不花一錢，不知難易：一個人的成長過程，可以說都是用金錢堆疊起來的。你看，從小上學、補習、生活零用，長大後買車、買房子……乃至生活中所謂的「開門七件事」，那一樣不用花錢？大部分的人都知道賺錢不容易，但假如你不懂得金錢的規畫、用度，是不會知道金錢來路的困難。你隨便花錢，「有」的時候感到不為難，等到「無」的時候

就很辛苦了。乃至有時候，還得要花錢才能買到經驗，獲得聰明，你才會知道，金錢的來源實在大不易。

第四、不多一歲，不知世事：一個人對世間的事物，都是隨著年歲的增長，慢慢才有了體驗、有了瞭解。你不增加一歲，對世間的事

情、人心的曲折、人情的冷暖，就不會知道那麼多，也不會有深刻的體會。年歲增長了，見聞閱歷多了，智慧也隨之增長，人生會豐富，視野會開闊。

人生要成長，需要不斷嘗試，多做、多說、多看、多用心想，這就是經驗的累積。平常多經一些事情，多學一些技藝，甚至從花錢裡獲得經驗，在年歲的增長裡學習世事，以上這四點，是增長經驗的好方法。

- 第一、不經一事，不增一智。
- 第二、不習一藝，不長一技。
- 第三、不花一錢，不知難易。
- 第四、不多一歲，不知世事。

小事勿輕

有的人認為說錯一句話、做錯一點事，沒什麼大不了，其實，「小」不可輕視，千里道路要靠小石鋪成；萬仞山峰要從小路攀登；美麗織錦要用小針繡出；幸福人生也要小心走過。因此，「小事勿輕」有四點說明：

第一、小小金剛壞須彌：《佛所行讚》曰：「金剛利智慧，壞煩惱苦山，眾苦集其身，金剛志能安。」金剛雖小，但是質地堅硬鋒利，能摧毀一切物。因此，佛教裡有一部《金剛經》，即是以「金剛」比喻佛法的尊貴、智慧的崇高，能降伏諸大煩惱，破除一切邪說。

第二、小小星火能燎原：《漢書》說：「爝火雖微，卒能燎野。」那怕是一點點的星火，都要謹慎小心；不將它熄滅，遇緣成了大火，將會禍害無窮。像大陸有名的黃山，曾經二度因為遊客的亂丟菸蒂，引發森林大火；而社會上許多大火的起因，也是由於星星小火的處理不當所造成。因此，火苗雖小，不能不注意。

第三、小小細菌會傷身：《毘尼日用》曰：「佛觀一缽水，八萬四千蟲。」細菌雖小，肉眼無法看得見，但是不良的細菌若在身體裡不斷滋生，卻會造成人體百病叢生。好比小小的感冒，可能導致肺炎；小小的傷口，可能讓人喪命。甚至小小的細菌，可能釀成瘟疫，如SARS、禽流感、痲瘋病……等，造成無數人的傷亡，引起社會的恐慌。所以，細菌雖小，但是會傷身害命，不能小看。

第四、小小懺悔破大惡：貪瞋愚癡、邪見我慢，雖起於小小的一念，卻足以毒害心靈。別小看在佛菩薩前的一合掌、一問訊，這一念的清淨心能滅除無明罪業。懺悔不只是身體的禮拜，而是內心的自省；懺悔不只是一時的告白，而是一生的除垢。懺悔就像清水一樣，可以洗淨我們的三業罪障；懺悔就像衣服一樣，可以莊嚴我們的身心功德。因此，一念懺悔，能使我們熱惱的心安定清涼。

一般人認為「大」是「力」的象徵，而「小」是「弱」的代表。其實小也有小的力量。《法句經》曰：「水滴雖微，漸盈大器，凡罪充滿，從小積成。」所以，「小事勿輕」，有四點：

第一、小小金剛壞須彌。

第二、小小星火能燎原。

第三、小小細菌會傷身。

第四、小小懺悔破大惡。

剛柔進退

中國有許多很好的處世格言，如「處難處之事愈宜寬，處難處之人愈宜厚，處至急之事愈宜緩。」為人處世，在急處知緩，窄處知寬，顛處須平，平處宜和，就是涵養。能進則進，能退則退，進退一如；能剛則剛，能柔則柔，剛柔並濟，就是智慧。在此提出四點「剛柔進退」的處世智慧：

第一、能剛能柔，可以忍辱負重：金剛鑽是硬度最高、對光線的折射率最好的鑽石。我們常誦持的《金剛經》，就是以金剛鑽的無堅不摧，來比喻此經無邪不破。由石墨做成的鉛筆芯雖又細又脆，稍微用力就斷，但是它的色澤，卻是用任何化學方法也無法漂白。神奇的是，金剛鑽和石墨同樣是由化學元素「碳」所組合的。人也應該如此，要有剛強如鑽石的稟性，能承擔艱鉅的任務；有柔軟如石墨的心地，來忍辱負重。最重要的是具備剛中有柔、柔中有剛、剛柔並濟的智慧。

第二、能信能順，可以履險如夷：相傳周文王被囚在羑里時，其子前來搭救，反被殷紂王所殺，煮成肉羹，送給文王吃。文王心中清楚，但仍忍淚食肉，以避殺身之禍。當我們處在惡劣、險酷的環境時，不要堅持己見，硬是不低頭，否則，恐怕不僅無法成事，還會白白犧牲。明智的作法是，內心保持高度的警覺，外表則恭敬柔順；如此，以智慧解決問題，才能履險如夷，度過難關。

第三、能智能愚，可以進退自如：大部分的事情，可以用智慧解決，但有時候則要裝瘋賣傻才能成事。鄭板橋說「難得糊塗」，人要聰明過人並不易，要聰明人裝糊塗就更難。若愚才是大智，如果只是精明能幹，半點也不肯吃虧，無形中可能會吃更大的虧。俗說「水至清則無魚」，溪流

雖清，也要容納一些浮游生物、長養一些水生植物，提供魚蝦生長的環境，才能吸引魚蝦生活其中。不仗恃聰明，就有進退自如的氣度。

第四、能大能小，可以隨遇而安：一個人只知處高位，爭大權，享盡好處，別人也會不服氣。若一個人太過謙卑，

一味退讓，妄自菲薄，或者自暴自棄，把自己看得太渺小，別人也不會重視你。太過自尊與自謙都不好，中庸之道是：能大的時候就大，該小的時候就小。自尊自重之時，要記得謙卑；在謙卑忍讓之餘，更不失莊重。

待人處世，要懂得應用剛柔並濟的學問。處順境時，可以作風明快，但態度要平易謙沖，留人轉圜餘地；處逆境時，宜低調行事，謹慎恭讓，留自己退步空間。

若能明瞭剛柔進退的道理，可以說已掌握成功的訣竅了。

第一、能剛能柔，可以忍辱負重。

第二、能信能順，可以履險如夷。

第三、能智能愚，可以進退自如。

第四、能大能小，可以隨遇而安。

鬥智不鬥氣

人有一個潛存的劣根性——好鬥，所以有國家與國家之間的戰爭，民族與民族之間的戰爭，甚至於團體與團體、家庭與家庭、個人與個人之間，也充斥著明爭暗鬥。相鬥不免耗去許多精神、元氣，縱使不致於兩敗俱傷，也妨礙個人的成就與社會的進步。其實「鬥」也不見得都不好，但要效法慧者的鬥智與賢者的鬥志，而不粗鄙愚昧地鬥力與鬥氣：

第一、粗人與人鬥力：粗人迷信以拳頭定輸贏，動不動就跟人家比力氣，打架滋事，打得頭破血流，卻也未能解決問題。

粗暴者不限於市井小民，有時看到國會殿堂上的衮衮諸公，竟也以拳頭議事，失於風度，成為粗人，不免貽笑大方。

第二、愚人與人鬥氣：在佛法裡面講依法不依人，事歸事人歸人，不能因一時的意氣，妨礙了做事。但是，愚癡的人卻常因小憤而與人賭氣，採取不理人、不合作、不跟人共事的方式，往往因此延誤公事，得不償失，實在愚不可及。

第三、慧者與人鬥智：有智慧的人鬥智慧，鬥謀略。如諸葛孔明的「草船借箭」、「空城計」等，在凶險萬分的情況下，唯有靠智慧才有勝算。在求新求變的現代社會，更隨時需要鬥智，不僅是科技產品求日新月異，就是路邊小吃，想要招攬生意，也要研發新的產品，才能吸引顧客。作家也要有新的見解，才能吸引讀者。設計人員也要有新的策略，才能贏得企畫案。這些都是鬥智取勝，如果只靠力氣和怒氣，只會陷自己於劣勢。

第四、賢者與人鬥志：聖賢之人不鬥力、不鬥氣亦不鬥智，他們所追求的是志氣。不管是《孟子．藤文公》說的「舜何人也？禹何人也？有為者亦若是」的志氣，還是省庵大師說「現前一心與釋迦如來無二無別」的省思，都是鬥志。不爭一時，爭千秋萬世，將自己的心志提高到與賢聖齊，以賢聖作榜樣，期許自己的道德修養亦達到最高的境界。

如果真的要「鬥」，不要跟別人鬥，最好是與自己的劣根性鬥，能贏過自己的懈怠、懶惰、貪、瞋、癡、妄等壞習性，才是真正會「鬥」之人。要鬥之前，請先細思量：

- 第一、粗人與人鬥力。
- 第二、愚人與人鬥氣。
- 第三、慧者與人鬥智。
- 第四、賢者與人鬥志。

服從（一）

服從是很重要卻漸漸被人遺忘的美德。「服從」是秩序、是倫理。在軍中，部下要服從長官，才有秩序可言；在職場，下屬要服從上司，才合乎職業倫理；在家庭，兒女要服從父母，弟妹要服從兄長，才能擁有父慈子孝，兄友弟恭的和樂家庭。現代人不講服從，常常犯上，令人遺憾。其實，不是職小位卑的人才講「服從」，服從的層次各有不同，略說四點如下：

第一、小人因畏懼而服從：心術不正的小人，他服從別人，有時候不是心悅誠服，而是由於畏懼而服從。畏懼什麼？有時是求名位未得之際，因為畏懼不能得到名位；有時是已得利益之際，畏懼喪失既得利益，而不得不服從。他的考量點放在現實利益上，而不在真理。因此，他表面服從，心裡卻另有打算。

第二、好人因愛護而服從：一個講究感恩、講究道德的人，他有時會出於感恩的心，真心誠意的服從所屬的團體或愛護他的人，無條件奉獻自己的忠誠、智慧與能力。這樣的人，你愈愛護他，他就愈服從你、尊重你。

第三、聖人因慈悲而服從：何以說聖賢者服從慈悲？《雜譬喻經》裡說：「積大誓願，慈悲眾生，求頭與頭，求眼與眼，一切所求盡能周給。」許多菩薩為了圓成佛道，不惜身命，度生救生，就是服從於慈悲。在慈悲心的驅使下，聖賢會從善如流，願意樂助，願意共享，因此說聖人服從於慈悲。

第四、智人因真理而服從：一個人如果說他「天不怕，地不怕，什麼都不怕」，那是很可怕的，因為在他心裡，沒有約束的力量，沒有真理可言，可以為所欲為，這樣的人太可怕了。其實，有智慧的人，他可以不服從金錢、愛情、力量，但一定會服從真理。一個人能服從真理，心中自有準則，行事必有規範，他必有可為，必有成就。

最好的服從是服從真理，服從慈悲；若是出於感恩心而服從，這也還不錯。如果因為畏懼而服從，最好是畏懼因果，而不是畏懼名利。但是千萬不要「我只服自己，其他都不服」，就那太危險了。

第一、小人因畏懼而服從。

第二、好人因愛護而服從。

第三、聖賢因慈悲而服從。

第四、智人因真理而服從。

服從（二）

「服從」是軍人的天職，所謂「有理是訓練，無理是磨練」，無理之前都能接受，有理之前怎麼會不服從呢？其實「服從」是一種社會秩序的建立，是一種倫理道德的展現，現在的人不講究服從，經常悖逆犯上，犯上就失去了倫理，就沒有道德。所以要建構一個有倫理、有秩序的社會，人人都應該養成服從的性格。服從依對象不同，約可分為四種層次：

第一、小人因畏懼而服從：部下要服從長官，兒女要服從父母，這是一般人的認知。但是如果對一個自我意識高漲的人，凡事有他自己的主見，有他自己的看法，長官即使以道理、以職權都不能令他心悅誠服，甚至表面上唯唯諾諾，背地裏陽奉陰違，扯人後腿，這時候只好針對他個人的權益，讓他在利害得失之前知所畏懼。這種內心不服氣，因畏懼而勉強服從的人，只能歸類為小人之流。

第二、好人因愛護而服從：人與人之間，所謂「見面三分情」，有的人只要你對他好，平時愛護他、提拔他，他就會因為感謝你的知遇之恩而服從你、尊重你，甚至為你賣命。這種懂得感恩、講究道德的人，不失為好人一個。

第三、聖人因慈悲而服從：有的人做人正直，不慕榮利，甘於淡泊，平時並無所求，但他喜歡公益，樂善好施，舉凡慈悲之行，他都隨喜功德，願意樂助，與人共享所成。這種因慈悲而服從的人，可謂已達聖人之境，因為聖人對於慈悲，必然從善如流，必定服從到底。

第四、智人因真理而服從：有一種人，他不一定在金錢、愛情、權力之前低頭，但是在真理的前面，他是絕對的服膺。所謂「懼法朝朝樂，欺公日日憂」，一個人如果懂得服從真理，信仰真理，這個人必定心胸坦蕩，必然大有可為，這就是有智慧的人。

服從雖有各種層次的不同，但一個人如果因畏懼心而服從，還是可以救藥；如果因受人愛護，為了感恩而服從，這個也堪造就；如果因為社會的慈善、慈悲而服從，程度更高。最重要的，人要懂得服膺真理，在真理之前懂得低頭的人，必是智者。所以「服從」有四點：

第一、小人因畏懼而服從。

第二、好人因愛護而服從。

第三、聖賢因慈悲而服從。

第四、智人因真理而服從。

忙的妙用

忙，是現代人的生活寫照。忙著上班工作，忙著持家理財，忙著讀書考試，忙著約會應酬，忙著上網聊天，忙著趕三點半，忙著看股市，忙著簽大家樂，甚至有人忙著逛街，忙著串門子……。不管忙什麼，只要忙的有樂趣，忙的有意義，忙的有價值，忙中自有無限的妙用。

忙有什麼妙用呢？有四點意見：

第一、忙要忙得有法喜：生活中，不是忙就是閒，有的人以忙為樂，因為從忙碌工作中可以獲得學習、成長的機會。忙，可以充實生活，可以讓身心有所寄託，而且從工作中可以獲得成就感，可以自我肯定，可以培養信心。更重要的是「忙人無妄想」；沒有妄想，自然身心清安，自然感覺快樂無比。所以，以忙為樂，則不苦；以忙為樂，則不懶散；以忙為樂，自然忙得心甘情願。

第二、忙要忙得有意義：忙就是營養。忙，才能促進心靈的健康；忙，才能培養自己的因緣；忙，才能發揮生命的力量；忙，才能提昇人生的價值。但是有的人忙於吃喝玩樂，忙著花天酒地，這樣的忙不但破財而且傷害身體，這樣的忙沒有意義、沒有價值。忙，要有益於身體健康；忙，要有益於增品進德；忙，要有益於開發智慧；忙，要有益於培養人緣。這樣的忙才有意義。

第三、忙要忙得有效率：「有分工，則不忙；有計畫，則不亂。」做事最怕的是一把抓，不懂分工，自然無法合作，工作效率自然低落。也有的人做事沒條理，不懂得計畫，整天像無頭蒼蠅一樣，盲目的亂忙一通。

其實，做事要講究效率，除了分工、計畫以外，更要懂得化繁就簡，還要會「以設備代替人力」。更重要的是，要追蹤成效，一個小時要有一個小時的成果，一天要有一天的成績，一周、一個月都要有一周、一個月的成效。能夠事前安排計畫，事後追蹤成果，自然能提高工作效率，自然忙得有效率。

第四、忙要忙得有價值：忙，是接近價值的要途。但是有的人每天忙忙碌碌，只為了鑽營一己的功名富貴，有的人則是為了一家三餐溫飽而忙，也有人為了社會的富樂而奔走，更有人為了促進世界的和平而周旋。忙，不但要對自己、對家庭有助益，更要對國家、社會，尤其能對舉世人類有貢獻，這樣的忙碌價值更大。所以做人要為自己忙，為家庭忙，為國家社會忙，更要為普世大眾而忙。

人，越多做，越能做；越會忙，越能忙。忙，像一把鋒利的慧劍，能斷妄想的葛藤；忙，是點石成金的手指，能化腐朽為神奇；忙，是營養調身的補品。

忙，可以使人生充滿生機，所以「忙的妙用」有四點：

第一、忙要忙得有法喜。

第二、忙要忙得有意義。

第三、忙要忙得有效率。

第四、忙要忙得有價值。

如何揀擇

俗話說：「良禽擇木而棲，忠臣擇主而事」，揀擇就是分別。雖然佛教提倡無分別、無分別智，但是我們學道的人，在智慧尚未顯發、真理尚未體悟時，仍應學習從分別處揀擇真的、善的、美的，然後才慢慢做到不揀擇、不分別。我們要學習揀擇四點：

第一、書必揀擇而讀，則開卷有益：雖然古人說「開卷有益」，但是讀書仍要有所選擇，有益的書才讀，無益的書讀了沒有意義，也得不到知識與啟發。現在這個社會有很多不好的書，讓人開卷不但無益，而且有害。像前陣子一本《完全自殺手冊》，帶起了自殺風潮，使得很多家庭破散，社會也為此付出極大成本，所以書必須揀擇而讀，才能開卷有益。

第二、人必揀擇而交，則近賢希聖：每一個人都需要朋友，但是我們交朋友也須經過選擇。古人說：「友為五倫之一，慎於擇友，懼其損也」，好的朋友可以患難同當，不時給我們忠言，不當的朋友是酒肉朋友，只想利用我們，甚至出賣、背叛我們。孔子說：「益者三友，友直、友諒、友多聞。」我們所交的朋友，應該是有知識、有道德、有人格、有慈悲心；選擇這樣的朋友，才能不受傷害且「近芝蘭，則氣味日馨」呢。

第三、言必揀擇而聽，則是非明白：所謂「盡信書不如無書」，聽話也是如此，對於別人說的話，不能每一句都當真的，必須有所揀擇、能分別判斷，對人生大眾有用的，對國家、民族、社會關懷的、正確的，我們才聽。不當聽者不聽、中傷毀謗者不聽、是非煩惱不聽、色情八卦不聽、讒言諂媚不聽。總之，須分辨是非，才能明白說者的居心用意。

第四、地必揀擇而到，則行無危險：雖然大丈夫志在四方，但是不論想到什麼地方去，還是必須先選擇。危險暴亂的地方不能去，聲色場所不要去，有些藉宗教之名而行邪道、魔道之處，更不能去，因為去了不但種下邪知邪見的種子，還會破財失身，毀了一生。

佛教修行次第「七覺支」當中的「擇法覺支」，即是告訴我們用智慧觀察諸法，才能善別真偽，而不取虛偽之法。所以一個人，無論讀書、交朋友、說話、到什麼地方去，都必須審慎的揀擇，都要清明分別，才不會在游移漂流的生命長河中，空費草鞋錢。

第一、書必揀擇而讀，則開卷有益。

第二、人必揀擇而交，則近賢希聖。

第三、言必揀擇而聽，則是非明白。

第四、地必揀擇而到，則行無危險。

取與捨

孔子說：「君子有三戒：少之時，血氣未定，戒之在色；及之壯也，血氣方剛，戒之在鬥；及之老也，血氣既衰，戒之在得。」這是孔子對不同年齡層的人，所提出的養生規勸。人生各階段，在養生上有不同的標準，在進德修業上，也應有不同的取捨標準。在此提出人生四個層次的取捨：

第一、少年時取其學，捨其不當有：少年的心智，就像白紙、像乾淨的海綿，沾染上什麼顏色，就是什麼顏色；接觸到什麼養分，就吸收什麼養分，是一生當中，最好的學習階段。所以要好好的用心讀書，不要刻意想擁有其他東西。只要在少年時期，好好將學問的根基紮穩，不怕將來沒有成就。

第二、青年時取其志，捨其不當事：青年時期，心志已漸成熟，體力、能力也日漸充盈，此時最重要的是「志氣」。如果一個青年，沒有志氣，充沛的體力和漸增的能力，只是消耗在吃喝玩樂，那就太可惜了。因此，青年人立志很重要，能胸懷大志，按部就班，向目標奮發前進，必定會有非凡的成就。

第三、壯年時取其行，捨其不當樂：人到壯年，一般說來，都已有自己的事業或穩定的職業，也有些積蓄，兒女已成人，養兒育女的責任漸漸告一段落。在有錢、有地位時，較容易為了滿足感官享受而縱情玩樂，甚至因為留連忘返而鬆懈對事業的衝刺，對家庭的照顧。因此，壯年之期，要取其行，捨其不當之樂。

第四、老年時取其實，捨其不當執：農耕有「春耕夏耘、秋收冬藏」

的秩序，人的一生也是如此，老年人應是「藏」的階段，這藏，不是藏積蓄、藏物質，而是要如佛教說的「龜藏六」，藏起眼耳鼻舌身意等六根，捨掉對外境的追逐與攀緣，好好把握智慧、心智最成熟的時期，努力提升自己的心靈境界。

在人生的每個階段，都應有自己的取捨標準，《大乘本生心地觀經》云：「智力能分黑白法，隨應取捨各了知。」希望大家都能有「取其所當取，捨其所當捨」的智慧。

第一、少年時取其學，捨其不當有。

第二、青年時取其志，捨其不當事。

第三、壯年時取其行，捨其不當樂。

第四、老年時取其實，捨其不當執。

為所當為

我們在世間上為人處世，有時候應該有所作為，有時候則「不應」有所作為。什麼時候當為？什麼時候不當為？有時要衡量時節因緣，有時則要堅守自己的原則與立場。什麼是為所當為？有四點意見如下：

第一、知足常樂，不慕榮利：明朝憨山大師，二十四歲開始參學四方，隨身僅有一個瓦缽，他前往風雪寒凍的北方，藉以磨練身心意志。他說：「只此一缽，可抵萬鐘厚祿矣！」他把當朝皇太后恩賜的財物，用來施貧賑災，一生顛沛流離，卻一本淡泊守道的精神。知足常樂的生活，不慕榮利的高尚情操，成為明朝四大高僧。

第二、包容忍耐，不逞意氣：做人，若是為了一句話就跟人吵架，為了一點小事就跟人計較，實在划不來。

《菜根譚》云：「覺人之詐，不形於言；受人之侮，不動於色，此中有無窮意味，亦有無窮受用。」因為唯有包容忍耐，不逞一時之意氣，才能避免不必要的災禍，同時藉此修心養性。

第三、樂觀其成，不扯後腿：有些人像公雞性格，凡事喜歡跟人鬥，尤其看到別人有好處了，見到他人成功立業，高高在上了，就產生嫉妒的心理。甚至不耐他榮，見不得別人好，扯人家的後腿，拆人家的台柱。

其實，何必如此？把心量擴大一點，換個角度來想，別人的成功，不也可以讓我沾光嗎？再說，別人在成功的過程中，我未能及時幫助就已經感到抱憾了，怎可再來扯後腿，破壞好事呢？因此萬萬不可做這種蠢事。

第四、見義勇為，不屈惡勢：常有人感嘆世風日下，人心不古。勢利

當前，錦上添花者有之，雪中送炭者幾人？但是綜觀歷史，還是有許多見義勇為之士。例如：唐朝安祿山叛變，情勢危急，荊州開元寺神會和尚，號召佛教界以發度牒籌募軍餉，解決朝廷國事問題；民初對日抗戰，政府西遷，棲霞山寂然和尚，成立難民收容所，掩護我軍將領。這都是見義勇為，不屈惡勢的大勇猛之人。

在現實勢利的社會，不可以跟惡勢力同流合污。人生有所為，有所不為。「為所當為」有四點：

第一、知足常樂，不慕榮利。

第二、包容忍耐，不逞意氣。

第三、樂觀其成，不扯後腿。

第四、見義勇為，不屈惡勢。

適可而止

佛教講「法不孤起，仗境方生。」因為「緣起」，因此人生有無限的機會、無限的力量、無限的潛能、無限的意義。可以說，人生就是一個「無限」。但是，我們也不能因為無限，就毫無顧忌，妄肆而為。有的時候，更應該有個「適可而止」的人生。什麼叫做「適可而止」？

第一、勢力不可以使盡：比方我們的拳頭，拳頭打出去，就沒有力量了；眼淚流出來，勢力就使盡了。眼淚輕易灑落，拳頭隨意揮出，固然有個發洩的出口，一旦內心激勵的力量減除了，就不容易積蓄能量。因此，儲存的拳掌，才有勁頭；銜淚的忍耐，才會奮起。

第二、福德不可以享盡：我們在這個世間上，所謂榮華富貴、禍福窮通，都有一定的福德因緣。順利如意，必定是得自過去的好因好緣，要延續好因好果，福德因緣就不可以享盡。有云：「福德享盡，則緣必孤。」等於銀行的存款，統統提出來，就沒有了；也等於行路的糧草，全部吃完了，如何遠征呢？

第三、規矩不可以行盡：有規矩，制度方行；有規矩，典範才立；但也不能天天講規矩、呼口號。所謂「規矩行盡，禮貌必衰。」強行規矩，反而失去人性裡自動自發、自律自覺的可貴精神。「規矩」是為了防犯不法而設，在有規矩的人前面，根本就沒有規矩；在守法的人前面，法律也不一定派上用場；因此在團體裡，應以「立法要嚴，執法要寬」作為行事的準則。

第四、好話不可以說盡：好話給人鼓勵，愛語給人信心。所謂：「過頭的飯可以吃，過頭的話不能說。」你天天說好話、日日講愛語，好話就不再是真話，愛語就不再是真語；你都沒有好話了、都說完了，那麼，「好話說盡，則人必棄。」所以，好話也留一點，不要把它說盡。

強開的花逆美，早熟的果難甜，天地的節氣歲令，總有個時序輪換。懸崖要勒馬，尸祝不代庖，舉凡吾人的行事，也要有個分寸拿捏。《寶王三昧論》也說：「於人不求順適，人順適則心必自矜。見利不求沾分，利沾分則癡心亦動。」「適可而止」的人生，實在可以做為座右銘的參考。

這四點「適可而止」是：

- 第一、勢力不可以使盡。
- 第二、福德不可以享盡。
- 第三、規矩不可以行盡。
- 第四、好話不可以說盡。

防患的重要

古諺說「未雨綢繆」，俗諺說「晴天要積雨來糧」，都是勸人要有憂患意識。孟子說：「生於憂患而死於安樂。」太過安逸，沉湎安樂，只會招致滅亡。現實生活要有憂患意識，心理建設更應防患於未然。提供四點意見：

第一、防惡心於未萌：每個人的心都本具善法和惡法，因此，天堂、地獄不在別處，就在自己的心裡，隨著善惡心念，流轉於天堂與地獄間。凡人都誤以小善為無益而不為，以小惡為無損而不改。其實，我們對於善念、惡念，應該抱持「已生善，令增長；未生善，令生起。已生惡，令永斷；未生惡，令不生」的謹慎，才能使善心不斷增長，使人格臻至完善。

第二、防法度於未亂：國有國法，家有家規，法律、家規是維持社會與家庭秩序的準則。自我也應有自我的尺度，行事才有規則，腳步才不會混亂。如果人人都能遵守法度，就不須有「嚴刑峻法」的主張。畢竟，待世亂才用重典，國家社會已付出許多的成本代價，人民也多受痛苦了。因此，最好的律法，還是防於未亂。

第三、防災禍於未來：如是因，如是果，種下蘋果的種子，絕不會長出柑橘。因此經說：「菩薩畏因，眾生畏果。」菩薩深謀遠慮，凡事防範於未然，必在因地小心謹慎；凡夫見淺識短，因此每在果報臨頭，懊悔莫及。因地裡，不在殺盜淫妄、貪瞋愚癡中打轉，就不會有短命醜陋、貧賤愚癡的果報。

第四、防小人於未彰：凡人的品性良莠不齊，我們的周遭有君子，也不免摻雜一些小人。不管是君子還是小人，都不會在臉上寫明，因此，對別人推心置腹之前，最好仔細觀察。

其實，所謂「害人之心不可有，防人之心不可無」，也不是叫我們對別人都存戒心，只是，如果我們警覺性高，自然就不易受騙。

《佛說孛經抄》說有八快樂的事，「忿能自禁、慮

能防患、道法相親、友不相欺」，即是其中之四。願大家都能在禍患未發生前，就加以防備，如此，就能得到其他四項快樂：「與賢從事、得諳聖人、性體仁和、事業日新」。

四點「防患」的意見：

- 第一、防惡心於未萌。
- 第二、防法度於未亂。
- 第三、防災禍於未來。
- 第四、防小人於未彰。

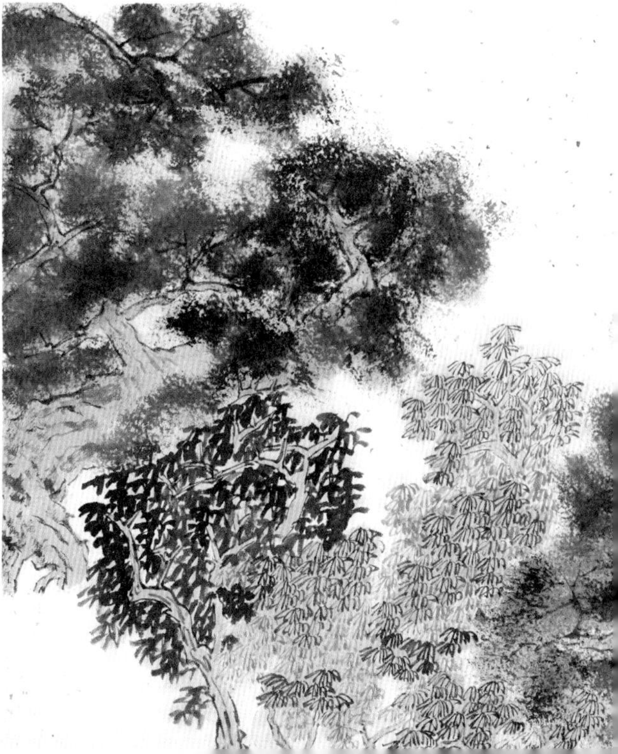

所為皆可

孔子將「非禮勿視，非禮勿聽，非禮勿言，非禮勿動」，作為實踐「仁」的要目。日常生活中的視、聽、言、動，就是修心養性的用功處，該為不該為、應聽不應聽、應說不應說，甚至對於「擁有」的取捨，都應有所考量。在此提供四項準則：

第一、所為者，皆為可能者：正當的，對別人有利益的，可以皆大歡喜的，或對人無害的事情，才可以做。《十善業道經》說：「深信因果，寧殞身命，終不作惡。」孔子也說：「不義而富且貴，於我如浮雲」。如果你將作的，雖然可以帶來可觀的財富，得到高官厚祿，卻是不義之事，還是不可以做。莫為了眼前的利益，換來一輩子的不安。

第二、所欲者，皆為可善者：凡是人，都會有欲望。希望自己能夠有社會地位，能夠事業成就，能夠學問淵博，就會督促自己努力，以達到世間的成就。希聖希賢，希望成佛，就會精進修行，而成就出世間功德。佛陀也「不捨諸善法欲」，而於「善法中發勤精進，營助修習」。因此，可以有欲望，但必須是善法欲。

第三、所聽者，皆為可聞者：有個哲人向傳消息的人說：「你要告訴我的話，要用『真實』、『善意』和『重要』這三個篩子先篩過。如果你要告訴我的事，既不真實也非善意，更不是重要的，就別說了吧！」我們也要有哲人的智慧，選擇真實的、善意的及重要的話來聽，選擇可以增進智慧、經驗、哲思的話來聽，要拒絕邪說及沒有建設性的是非、謠言。

第四、所見者，皆為可觀者：有些人居心不良，利用精密的攝影儀器，偷窺、拍照，侵犯他人的隱私；有些人愛看不正當的書報、雜誌，留連不正當的聲色場所，都是既浪費時間又污染心靈的。要謹記「非禮勿視」的教誡，不要讓好奇心強過理智，否則，不僅有損道德，也會誤蹈法網。

所謂「君子坦蕩蕩，小人長戚戚」。如果思想行為，能如朗月入懷，光明澈見；視、聽、言、動皆能戒懼謹慎，所為、所欲、所聽、所見者，皆無不可告人之處，就可以入君子之列了。

- 第一、所為者，皆為可能者。
- 第二、所欲者，皆為可善者。
- 第三、所聽者，皆為可聞者。
- 第四、所見者，皆為可觀者。

「小」不可輕

在《阿含經》裡，佛陀告訴波斯匿王：「小不可輕」，因為小王子長大，可以做國王統領國家；小沙彌長大，可以做法王；小龍長大，會興雲致雨；小小的星星之火，可以燎原成災。還有，小小的種子埋在土裡，也會長成大樹開花結果；現在的孩童，將來可以做國家的棟梁等等。除此，更有四「小」不可輕：

第一、不棄小善：古人說：「勿以善小而不為，勿以惡小而為之。」我們不要因小善而不為，要知道滴水可以穿石，集合很多的小善，就可以廣結善緣；小覺小悟，久而久之，自能大徹大悟。社會上很多的慈善救濟、文化教育，就是靠這些小小善款的點滴聚集而成，造福了很多需要的人，也使歷史綱常得以傳承延續。

第二、不造小惡：《地藏經》云：「莫輕小惡，以為無罪，死後有報，纖毫受之。」我們常常以為隨便罵人一句話，或做一些對不起人的小事，只是小小的惡作劇，無傷大雅。但是一粒種子種下去，它不斷的繁殖，就會有無限的果實。《法句經》說：「水滴雖微，漸盈大器，凡罪充滿，從小積成。」小小的細胞病變，都會造成生命損失，因此勿以個人的小惡，造成自己、社會國家，乃至全世界的損失與遺憾。

第三、不懷小怨：有些人因為心理小小的欲望希求不能滿足，就產生怨恨。這種小小的怨恨累積愈大，時間久了，慢慢會引發出行為，而做出種種傷害他人的事，最後不可收拾。如《佛光菜根譚》說：「兄弟互相怨恨，受害的是父母；夫妻相互怨恨，受害的是家庭；人人互相怨恨，受害

的是自己。」只有心懷慈悲忍耐、感恩回饋，才能熄滅怨恨帶來的痛苦。

第四、不計小我：人世間之所以有這許多愛恨情仇，都是緣自於對「我」的愛染。全人類是一個大我，國家、社會是一個大我，如果我們只顧自己的小我，罔顧人類、國家、社會的大我，往往得不到真正的利益，因為大我不健全，小我也無法苟安。因此我們不能只為自己而活，不要處處只為自己著想，要常常想到別人、大眾，把小我擴大跟大我結合在一起，這個「小」就更大、更寬廣了。

《韓非子》云：「千丈之堤，以螻蟻之穴潰。」古德亦云：「微者巨之端，大因小而生，巨由微而成。」這些都是告訴我們，應當謹小慎微。四種不可輕視的「小」是：

第一、不棄小善。

第二、不造小惡。

第三、不懷小怨。

第四、不計小我。

回饋

得到人家的好處、利益，一定要有所回饋。戰國時代，諸侯食客三千，有能力者，為主人策畫計謀，再不濟者，也知為主人奔走效力。中國人常說：「滴水之恩，湧泉以報。」俗諺也說：「吃人半斤，還人八兩。」受到別人的好處，怎可以不知感謝、不知報答？要如何回饋他人：

第一、乘人車者載人所需：一般人擁有車子，都是著眼於方便，方便上下班、洽公務、辦事載運。人家將車子給我坐，給我方便，我就應該幫助他完成他所需，例如：途中下車幫他繳個費用，幫他買個東西，幫他接送小孩等等，以資回饋。就是乘坐公共汽車，也需買票，乘人的車子，怎能不思有所回饋？

第二、衣人衣者懷人憂慮：衣服是用來保護、保暖的，人家送給我們衣服，讓我無寒凍之虞，讓我無衣不蔽體之慮，這衣服一穿上，就懷帶了對方的善意、對方的心意。因此，如果可能，要分擔他的憂慮、他的掛念，他若遇到難題，也要設法幫他解決。

第三、食人食者助人成事：俗語說：「天下沒有白吃的午餐」，別人辛苦賺錢，我憑什麼白吃別人的飯食？既然吃了別人的飯，就應助其成事。馮諼到孟嘗君處當食客，抱怨食無魚、居無車、無以為家，孟嘗君一一滿足他的需求。最後，馮諼為孟嘗君營造可以高枕無憂的「三窟」，讓孟嘗君「為相數十年，無纖介之禍」，這就是最大的報答。

第四、得人財者與人消災：一錢來處不易，別人基於同情、道義，以錢財幫助我們，我們不能船過水無痕，這些恩德，要謹記在心，在能力許可時，也要以錢財助人，讓曾經幫助過我們的人，能得到這些布施的功德。

「知恩圖報」雖然是做人的基本道理，不過，佛陀在兩千多年前就觀察到能夠「知恩圖報」的人，實在稀有難得，在《長阿含經》裡提到：世間有五種甚為難得的寶：一、如來至真出現於世；二、能演說如來正法者；三、能信解佛法者；四、如來演法能成就者；五、危險救厄知反復者。「懂得回饋」與「如來出世」同樣難得，但願大家都能作個「難得之寶」。

- 第一、乘人車者載人所需。
- 第二、衣人衣者懷人憂慮。
- 第三、食人食者助人成事。
- 第四、得人財者與人消災。

矜持的利弊

矜持，是一種美德，有時代表一種莊重，一種威儀。尤其東方人的性格，無論在行為舉止，或言語思想上，都不願表現得太過囂張跋扈，那就是一種「矜持」。但矜持也有它的內容，表現得當與否？會不會引起誤會？關係著個人的修為與人際往來的維持。以下四點可以作為參考：

第一、目空的矜持是傲慢：適當的矜持，是一種風度、是一種禮貌、是一種高貴。但是有的時候矜持不當，變成自以為是、目空一切，乃至不自然、不得體，就會成為一種傲慢。你因矜持而看不起人，別人必定也不願理睬你，看不在眼裡，成為人與人之間的障礙，這種矜持就要去除。

第二、尊貴的矜持是恃才：有的人榮耀富有，不高興與貧窮卑下的人講話，這是他的矜持；有的人有地位尊貴，不歡喜與沒有地位的人往來，這是他的矜持；更有人知識豐富，而不願和平庸者交流交際，這也是他的矜持。這樣的矜持，尊貴得讓人不好受，變成恃才傲物，冷若冰霜。這種矜持的性格，無法平易親切，人際關係必定有所疏失。

第三、怯弱的矜持是拘謹：有時候，一些女性怕羞怯弱，一再退讓，性格就會變成閉塞不前，患得患失；甚至有一些男士，不敢承擔，不果敢接受，太過怯弱、太過矜持，結果變成拘謹，甚至是一種束縛。這種缺失，阻礙了精進向前、努力向上的力量，是非常可惜的。因此，放下怯弱的矜持，開闊心胸，自然大方，人生才能奮起飛揚。

第四、謙虛的矜持是含蓄：無論哪位女士或先生，從內心流露出的風度翩翩、謙虛禮讓、溫柔穩重、舉止有致，這種含蓄的矜持，像春風一樣和煦，讓人感到舒服自然，讓人感受他的內涵、他的風儀。這樣的人，肯定會受到別人的尊重。

所以，過與不及，都不如佛法所說的「中道」好。在進退之間，知道什麼時候應該矜持莊重，什麼時候該把矜持化為一種自然、大方，這就是最好的表現了。以上這四點利弊，可以讓我們反思一下。

- 第一、目空的矜持是傲慢。
- 第二、尊貴的矜持是恃才。
- 第三、怯弱的矜持是拘謹。
- 第四、謙虛的矜持是含蓄。

生氣的藝術

人生在世，「生氣」是難免的事，只是生氣要懂得自我排解。所謂「一念瞋心起，百萬障門開」，生氣常讓人失去理智，導致後果不堪收拾。西諺云：「生氣是拿別人的錯懲罰自己」；《黃帝內經》亦明誡：「怒傷肝」；美國生理學家愛爾馬也分析：生氣時，體內會分泌毒素物質。因此，提供以下減少生氣的方法參考：

第一、呼吸調慢幾拍：生氣時，就會氣急口快，所謂「怒則氣逆，喜則氣緩」，發現自己要生氣時，趕快提醒自己放慢呼吸，讓自己在一呼一吸中，把氣息穩定下來，就像冷氣有溫度調節器，對於身體的氣，我們也要懂得透過呼吸，去調整身心，緩和加溫的情緒，這個氣就不容易生了。

第二、自我暫且放下：人為什麼會生氣？無非是自我的表達沒有受到尊重，自我沒有受到認同，自我沒有得到稱心，所以氣就愈生愈大，其目的就是要讓別人看到我的存在。如果這個時候，你能把自我暫且放下，退一步想，化私為公，化我為眾，能從放下自己中，擴大含攝其他人的想法，就不會感到受氣了。

第三、是非不必論斷：《百丈禪師叢林要則》云：「是非以不辯為解脫。」因為每個人立場不同，看法就會千差萬別，若在人我上斤斤計較，則自他皆輸。憨山大師也說：「世事本來多缺陷，此身那得免無常。吃些虧處原無害，讓他幾分有何妨。」有志之人，不以爭一時是非為快，要以爭千秋萬世為重，以此為勉，就不會有氣了。

第四、念頭細細觀照：生氣時，先靜下來問自己「生氣的原因是什麼？」「生氣的目的是什麼？」「生氣可以解決問題嗎？」如果可以解決的問題，為什麼要生氣？如果生氣不能改變事實，那為什麼要生氣？反省自己是否有做錯的地方？如果沒有，學習原諒他人，這是給自己與別人機會，如此，就能以同理心減少生氣了。

作戰前要有戰術謀略；人事管理也有領導管理的妙方；事不如己意，也要有生氣的藝術，如此才能在應對進退中，不被心浮氣躁的情緒左右；用智慧化解劍拔弩張的氣氛，才是待人處事高明處。提供四點生氣的藝術：

第一、呼吸調慢幾拍。

第二、自我暫且放下。

第三、是非不必論斷。

第四、念頭細細觀照。

遠之用

人很奇怪，走路怕路遠，做事怕事難，該讀書，怕讀書苦，等時間，怕時間長。難道怕遠、怕難、怕苦、怕長就好嗎？其實，愈難做的事，能把它做成功了，更有成就感；愈是時間長久的事情，愈是去從事，更能見出真實的功夫。好比佛教說，成就菩薩道，修行要歷經三大阿僧祇劫，這就是在訓練我們的耐力，正因為佛道長遠，才覺得目標神聖而可貴。所以「遠」之用，有四點：

第一、名利看得遠，能夠舉止自在：乾隆皇帝下江南時，在運河邊遇到一位法師。乾隆問法師：「你在河邊多年，可曾算過有多少艘船經過？」法師說：「只有兩艘，一艘叫名，一艘叫利。」「名利」誘人可見。一般凡夫汲營追求，倒也無可厚非，只是名利也要用勤勞、能力、道德，慢慢累積而得。

所謂「實至名歸」，才能真正安心，你不急於一時獲名得利，自然舉止泰然，瀟灑自在，不會患得患失。否則如民初袁世凱之輩，名利薰心，專制獨裁，又行帝制復辟，落得稱帝不久，立即遭到舉國上下反對，惹得自己惡名昭彰，實在兩者俱失。

第二、小人避得遠，能夠不困是非：宋人許斐說：「與邪佞人交，如雪入墨池，雖融為雪，其色愈污。」《孛經》亦載：「不善友者，假求不副，巧言利辭，苟合無信。」與不善的小人來往，容易引生禍害。所以對那些言行不一、虛偽不實的惡人，不僅不可納前，而且要遠離，才不會為自己惹上麻煩以及是非。

第三、思想想得遠，能夠洞觀本體：孔子云：「人無遠慮，必有近憂。」意思是說，一個人的思想不能局限於自我，應該擴及眾生；也不只局限於一時一地，而是要擴大至無邊的法界；將思想的領域擴大，不僅想到今生，還要反觀過去，甚至思想到來世，那麼對於事物本體的觀察，就能更寬、更

廣、更大。

第四、心胸放得遠，能夠省去煩惱：人世間的許多憂愁煩惱，皆因心胸狹窄，計較、放不下。假如心胸能放得開、放得遠，則對世間上的好好壞壞、是是非非、功名富貴，自然能包容放下且清心自在。

路遠，知馬之實力；行遠，知人之毅力；菩薩發心，不畏成道路遠；佛子立願，不怕願力不堅。這「遠」之用有四點：

第一、名利看得遠，能夠舉止自在。

第二、小人避得遠，能夠不困是非。

第三、思想想得遠，能夠洞觀本體。

第四、心胸放得遠，能夠省去煩惱。

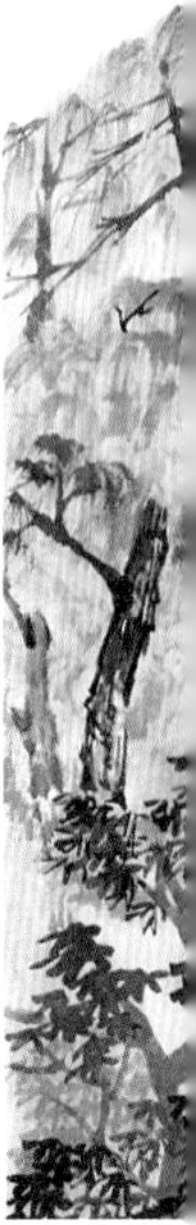

難與易

唐代的龐蘊居士一家都是禪者。有天，龐居士在草菴中獨坐，突然說道：「難！難！十斛油麻樹上攤。」龐婆聽了，接口說：「易！易！百草頭上祖師意。」女兒靈照說：「也不難也不易，飢來喫飯睏來睡。」這則有趣的公案，說明龐家三人對禪的領悟。世間的事情，也是如此，有些容易做到，有些則是不容易做到。「難與易」的分別在哪裡？有四點意見：

第一、獨立為己易，包容化他難：一般人為追求成功，可以不畏艱難，屢仆屢起，屢敗屢戰，再大的困難，也甘之如飴努力奮鬥。因為自己心甘情願吃苦，所以容易。但是，要做到包容他人，而且要能讓對方感動，願意接受你、聽從你的化導，那就不容易了。

第二、聰明智巧易，敦厚含蓄難：社會上具備聰明才智，善用靈巧機智，做事創業、研究學問，得到種種成就者，時而見之。但同時要擁有這種特長和美德者，是不容易的。因此，一個人既聰明又敦厚，靈巧之餘也懂得含蓄，那是相當難能可貴的了。

第三、樂助親人易，普愛世人難：一般人都會幫助自己的親朋好友，要我們敦親睦鄰，這也還不太為難，甚至要向認識者伸出援手，也頗多見。但是，能對不認識人施予慈悲，施予方便，施予恩惠，就不容易了。

尤其要進一步做到佛教所講的「無緣大慈，同體大悲」，將沒有緣的人看成跟我是一體，完全沒有自他對立，我也能給他慈悲，就更困難了。

第四、清高自視易，拙樸處世難：能力好、資質優秀的人，一不小心，就容易自命清高、自負不凡，自覺了不起。所謂「藏鋒要比藏拙難」，聰明的人，能拙樸無華處事，用淳樸厚道處人，就更難得了。因此，真正潛藏不露的，正是能拙樸應世，大智若愚，大巧若拙的智者。

「難與易」的分別在哪裡？有四點提供參考：

- 第一、獨立為己易，包容化他難。
- 第二、聰明智巧易，敦厚含蓄難。
- 第三、樂助親人易，普愛世人難。
- 第四、清高自視易，拙樸處世難。

過分之弊

一個人做人做事不及，固然不好，可是做得過分了也不好。中國古代哲人以「天道忌盈」給我們的忠告，凡事物極必反，過分了就會有障礙。「過分之弊」有四點：

第一、過分耿直則迂腐：做人要正派耿直，但是有的時候太過耿直，不能圓融方便，幾近迂腐，就有所欠缺了。譬如有些人，對自己的才能自視過高，以致「有志難伸」，或是大嘆「生不逢時」，甚至抱怨「世風日下，忠佞倒置，無一可取」。然而社會、時代固然有其背景，從另一方面看，有時也不能不歸咎於過分耿直的性格。

第二、過分執著則障礙：擇善固執是做人處世很好的原則，有的時候過分執著，就會障礙重重。比方大眾集會時，人家倒茶，他卻非開水不喝，這豈不是太麻煩別人？到朋友家作客，主人端了一碗麵，他卻認為要吃飯才算禮數。吃飯能飽，麵也可以果腹，為什麼一定要執著於自己的習慣呢？所以，太執著於某一件事情，反而讓自己在做人處世有了障礙。

第三、過分清高則做作：有的人自命清高，不願意和凡夫俗子交往，不願意住鄉村陋巷，自己認為不好的人事，都不願意親近、往來，甚至為了一個座位、一個職稱，心中生出許多的分別和計較。所謂「水清難養魚」，這種自以為清高，不能隨緣的人，讓人感到做作，不近人情，因此也會喪失人緣，乃至惹來麻煩，成為做人處世的障礙。

第四、過分奢華則損福：今日科學發達，文明進步，經濟成長，物質豐富，人們的生活不斷跟著改變。人一生的用物多少是有限的，不能因為物質富有，就過分奢華浪費，過分奢華，就是在減損福報。

因此古人說：「人生衣食財祿，皆有定數，當留有餘不盡之意。故儉約不貪，則可延壽；奢侈過求，受盡則終；未見暴殄之人得皓首也。」

有道是：「不吃過頭飯，不說過頭話。」凡事「過」了，就不好了。這「過分之弊」我們應該要去除。

- 第一、過分耿直則迂腐。
- 第二、過分執著則障礙。
- 第三、過分清高則做作。
- 第四、過分奢華則損福。

虛實之間

這個社會上，有的人做人實實在在、踏踏實實，一點都不造假；但也有的人虛虛偽偽、巧詐奸滑，虛假靠不住。所謂：真亦假來假亦真。在每一個真假、虛實之間，我們如何辨別真偽呢？這「虛實之間」有四點參考：

第一、過謙者宜防其詐：謙虛固然是美德，但是過分、不得當的謙虛，就成了矯情，就不得不讓人注意，可能這其中或者有詐。如《漢書》中班固批評王莽的儒行為恭儉，即是欺世盜俗，竊取劉漢天下。過分謙虛的人，擅用以退為進的詐術，博取他人的歡喜與信任，來達到予取予求的目的。俗言：「黃鼠狼給雞拜年」，過謙者除了讓人防備外，還會被人譏為畏縮，沒有擔當，不能成就大事，而失去機會。

第二、過默者宜防其奸：俗言：「沉默是金」，但過分的沉默，當講不講者，這就令人不得不小心了。台語俗諺：「恬恬吃三碗公。」宋朝大文豪蘇東坡先生亦云：「人之難知也，江海不足以喻其深，山谷不足以配其險，浮雲不足以比其變。」一個喜怒不形於外的人，內心城府深沉，應笑不笑，看不出他生氣，臉上沒有表情，不知道他葫蘆裡究竟賣的是什麼藥，也無從知曉他內心的看法、想法與計謀，因此過分沉默的人，吾人宜防其奸滑。

第三、過滿者宜防其虛：社會上我們常常會遇到一種人，說話的時候，總是自信滿滿、信誓旦旦的吹噓、標榜自己人格偉大，事業成功，做事能幹，如何的了不起等……。有的時候太過自誇，讓人不得不注意他的虛而不實。例如，有公司、財團過度宣傳，虛報公司資產，向銀行超貸，最後落得周轉不靈，投資人血本無歸；也有人吹噓自己得到神通，或自稱「無上師」，使佛法淪為怪力亂神、詐財騙色的宗教，而遭到社會的誤解與指責。因此吹噓、自我膨脹、自我宣傳，是讓人靠不住的。

第四、過躁者宜防其偽：如果一個人過分的

急躁、煩躁，什麼事情好像很不安的樣子，這你也不得不提防。因為太過急躁的人，或許是另有企圖，或者矇騙的行為。就像有些不肖子，哄騙父母將財產過戶，等到目的達到了，就棄父母於不顧；也有些具有爭議性的法案、條款，立法單位卻急就章快速通過，審核過程粗糙，其目的不得不讓人民心起疑惑了。

所謂害人之心不可有，防人之心不可無。因此，一個人究竟是虛偽的呢？還是誠實的，我們都可以用這四點評鑑一下。這四點意見：

第一、過謙者宜防其詐。

第二、過默者宜防其奸。

第三、過滿者宜防其虛。

第四、過躁者宜防其偽。

變易難久

《八大人覺經》是佛陀教導大家應該覺知思惟的八種方法，第一條就是「覺悟世間無常」。所謂無常，就是世間沒有永遠不變的事情、東西。好的東西，好的境遇，無法永遠不變；不好的東西，不如意的境遇，也不會永遠不變。無常不是不好，能真正體會無常的真意，就會激發出信心來。比方，我雖然貧窮，只要我肯勤奮努力，就會改變，因為「窮」是無常；我雖然笨拙，只要我肯認真學習，就能靈巧，因為「笨」也是無常。從無常觀體會世間事物，會發現任何現象都是變易難久，有以下四點說明：

第一、詐偽不能久長：虛偽詐騙只能是一時的，即使用盡心機，巧設計謀，也只能欺人一時，不能欺人一世，西洋鏡遲早總會給人拆穿。虛偽欺詐禁不起時間的考驗，不能長久。因此還是老老實實的做人，本本分分的做事，才是處世之道。

第二、空泛不能守持：有些人一心追求神通，聽信奇蹟；有些人相信成功有捷徑，鄙夷步步踏實的努力；有些人只求速成，不願按部就班的用功。其實，神通靠潛心修行而得，奇蹟靠心誠意篤的感應，成功亦在出力流汗之後，才真正屬於自己。妄想不勞而獲，奢求一步登天，都是空泛不實的念頭，猶如鏡花水月、龜毛兔角，本來就不存在，如何期望保有、守持？

第三、朽木不能雕塑：雖遇巧匠，朽木難雕。朽壞的木材，即使用昂貴的金飾塗裡，請高明的藝匠削磨，也難以雕成真正的藝術品。朽木既不能雕塑，就承認、接受它的變易與腐朽，讓它成為柴薪，或成為腐植、堆肥，發揮最後的價值，而不一味強求它成為不朽的藝品。

第四、情愛不能不變：一般人談情說愛，總執著這個情愛是永恆的，發了海枯石爛、此情不渝的盟誓。這也不可能的。情愛本身也是虛妄無常，變化多端的，因此不可太相信它應是永恆、不變。有緣相處時，真心真意的好好對待；緣盡情散時，保持風度的各自奔赴前途，這樣才是對待情愛的正確觀點。

經中也說：「國土危脆，四大苦空，五陰無我，生滅變異，虛偽無主。」了解這個世間的變易難久，建立起無常的正確認識，遇到生命中任何不可逆轉的變化時，就不會倉皇無措。有一些虛妄不實，是由於錯誤的認知所帶來的痛苦。提出可預見的四項變易難久，希望大家能可以參考。

第一、詐偽不能久長。

第二、空泛不能守持。

第三、朽木不能雕塑。

第四、情愛不能不變。

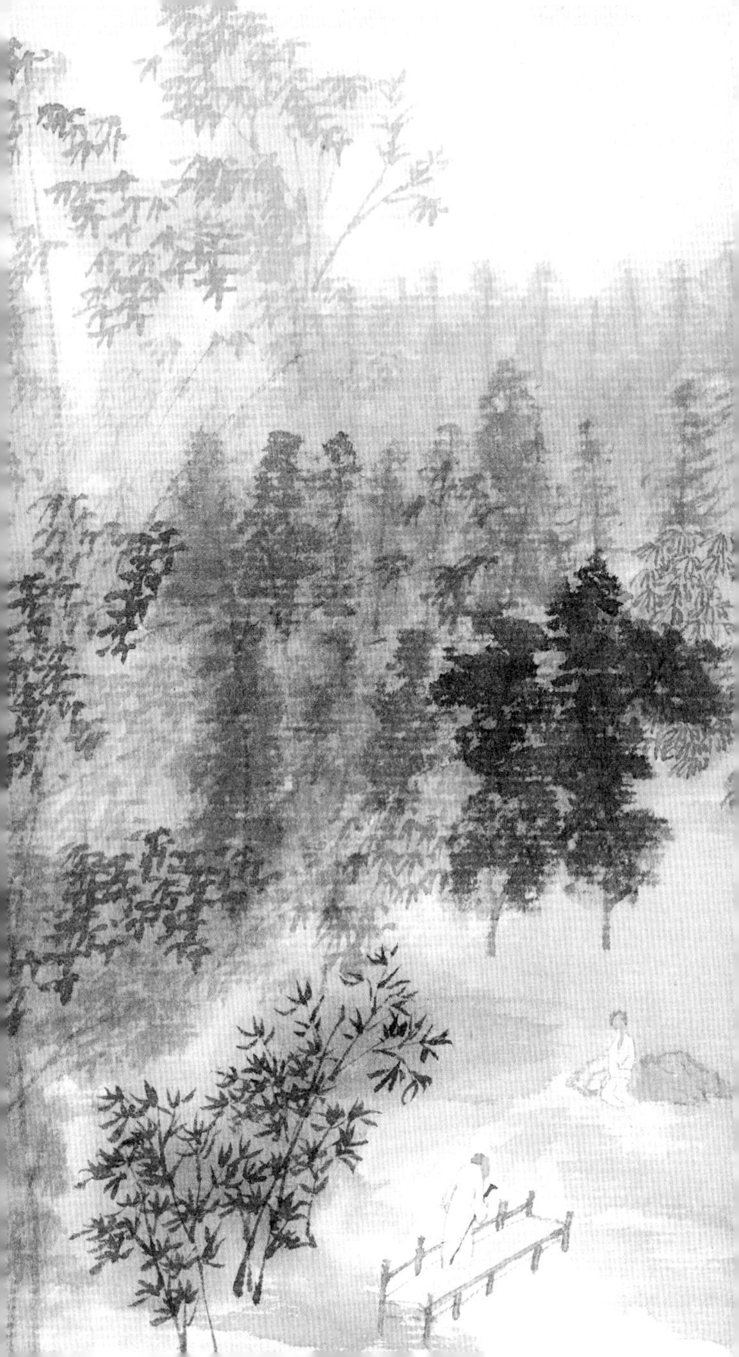

卷四 教導後學

如何教導後學？
最重要的還是為人父母、老師、長官者，
以身作則，讓子弟、學生、部屬，
有學習模範的榜樣，可以達到教導的成效。

誰最好

一般人總以為「是我的」、「對我有利益的」，「待我好的」，誰就是最好。但是所謂「良藥苦口，忠言逆耳」、「路遙知馬力，日久見人心」，不管人事物，都必經過一番的考驗，才能見真章。關於「誰最好」有四點意見：

第一、兒子好不如媳婦好：「望子成龍」是天下父母心，無不希望兒子將來都能成大器，因此給他最好的教育，對他百般好，就怕恨鐵不成鋼。但是做父母的，更要待媳婦好，不要以為媳婦是來搶兒子、搶家產，把她當成外人，甚至第二國民來看待，這是不對的，有句話說：「家裡出了賢嫂嫂，滿村姑娘都教好。」出了好媳婦，這家人的家風懿行會令人讚歎；對待媳婦好，會更顯出父母的美德。

第二、女兒好不如女婿好：身為父母，女兒嫁到別人家後，還要罣念女兒在夫家過得好不好、有沒有受到委屈。當女婿、女兒回來時，總是與女兒比較親暱，與女婿比較疏遠。其實做父母的，除了待女兒好，更要待女婿好。你待他好，他會感動，更能體貼你的女兒，如同親生兒子般的孝順你。所謂「愛人者，兼其屋上之鳥」，更何況你愛女兒，也就更要愛女婿了。

第三、待己好不如待人好：《論語》說：「放於利而行，多怨。」一般人行事，大都以自我為中心，利益是我的，好處是我的，只要有好的，自己就貪取一點，別人有沒有、好不好，也就顧不了那麼多了。但是世間是「同體共生」，生命是一體，只有自己好，別人都不好，自己也無法單獨在世間生活。如果將大眾看得比自己還重要，大眾也會同樣尊重我。任何人在團體裡要與大眾融和共存，也唯有「待人好」才有前途。所以待自己好，不如待別人更好，待人好就是待自己好。

第四、尊榮好不如澹泊好：大多數的人都想得到富貴榮華，得到他人的肯定讚美，擁有崇高的尊榮地位。但是所謂「大名之下，難以久居」，這些都還是外來的、是別人給予的，一旦遇到人我、挫折、考驗，可能就失去了。生命中比尊榮更重要的東西，就是「澹泊」。《禪林寶訓》說：「知安則榮，知足則富，避名全節，善始善終。」唯有安於澹泊簡樸，才能長久，自然無欲則剛，才能做一個心靈大富貴者。

有云：「宰相肚內可行船」，我們的心量能容宇宙，三千大千世界就在我們的心中；心中能容下每個人，待人好，誰都是最好。所以誰最好？

有這四點意義：

- 第一、兒子好不如媳婦好。
- 第二、女兒好不如女婿好。
- 第三、待己好不如待人好。
- 第四、尊榮好不如澹泊好。

難能可貴

南宋妙喜普覺禪師說，寺院的住持當家之所以不容易，是因為「要在終其大捨其小，先其急後其緩，不為私計專利於人。」一個人能為了顧全大局，犧牲自己的利益，在是非混淆、價值觀念逐漸模糊的現代社會，處污泥而不染，同流而不合污，乃至慈心待人，孝養父母，尊師重道等等，這都是非常難得可貴、值得人們稱譽的。在此提出四項修養上的「難能可貴」：

第一、牙齒以堅硬易毀，故至人貴柔：老子去探老師常樅，並請教遺訓。常樅告訴老子說：「舌之存，以其柔；齒之亡，以其剛」。我們口裡的牙齒是堅硬的，舌頭是柔軟的，但是人到老時，先掉的，卻是堅硬的牙齒。又好比水最柔軟，卻能穿石，負載船艦，可知柔軟也擁有堅強的特性。所以，有德之人，其處事的妙方不外是「常住柔和忍辱法，安住慈悲喜捨中。」

第二、刀刃以尖銳快摧，故至人貴渾：憨山大師〈醒世歌〉說：「從來硬弩弦先斷，每見鋼刀口易傷。」綳得太緊的弓弦，常常應聲而斷；銳利照人的刀刃，愈是容易受損。一個人如果常常以強硬的態度處事，容易自傷傷他。因此，有德之人處世應穩重含蓄渾厚，事事能為他人留個轉圜的餘地。

第三、神龍以難見稱瑞，故至人貴潛：有云：「神龍見首不見尾」，因為不容易見到，所以神龍出現，就顯得祥瑞。《易經》有句：「亢龍有悔」，意即告誡世人，一帆風順或養尊處優時，切忌自滿驕傲，否則很快

就會嚐到敗落的滋味。有德學人，深知韜光養晦的工夫，即使聰明絕頂，才華蓋世，也懂得謙遜恭讓。所謂「大盈若沖，其用不窮」，凡事不輕易張揚、表露，其福德因而得以綿長。

第四、滄海以汪洋難量，故至人貴深：泰山不辭細壤，故成其大；滄海不擇細流，故成其深。稻禾不經雨滋日曬，

不得飽穗；梅花經過霜雪凜冽，始得清香。人也需要一番努力鍛鍊，才會有所成就。有德學之人，知道「養深積厚」的可貴，因此，愈是飽學，愈謙沖自牧；愈是高明，愈深藏不露。

吾人雖為凡夫，但是只要努力修養心性，也能擁有這四種難能可貴的特質。

- 第一、牙齒以堅硬易毀，故至人貴柔。
- 第二、刀刃以尖銳快摧，故至人貴渾。
- 第三、神龍以難見稱瑞，故至人貴潛。
- 第四、滄海以汪洋難量，故至人貴深。

不回來的東西

春天去了，有再來的時候。太陽落下，有再升起的時候。吾人的一生當中，有許多東西是一去就不再回來的。這裡有四點意見提供：

第一、潑出去的水：一盆水，一旦倒了出去，無論用什麼方法，也無法完全從地下再舀回來。同樣的，一杯水，翻倒在桌子上，也無法收回來。總之，一件好物，不能隨便丟棄，形同浪費；一杯好茶，隨意把它潑出去，實在可惜；一件好事，弄得不得回頭，屆時後悔也來不及。因此，點滴諸事都要珍惜。

第二、說出口的話：過去有人說：「一字入公門，九牛拔不出。」一個字，送到公家機關裡，要再把它拿回來是不可能了。同樣的，我們無心說出去的一句話，要把它收回來，可能嗎？即使你道歉，人家表面可能退讓，但總是介意在心。等於是一塊白布上，潑了一點墨，無論怎麼洗，它還是會留下斑點痕跡。所以，話不能亂說，無論文字言語，都要謹慎。

第三、消逝的光陰：朱自清先生說得很好：「燕子去了，有再來的時候；楊柳枯了，有再青的時候；桃花謝了，有再開的時候；聰明的你告訴我，我們的日子為什麼一去不復返呢？」我們的人生，多少時光，一去就是永不回來；今天過了，就不會再回頭。真實的生命，就是光陰、就是時間，當下的這一分、一秒，是不會再有的，所以，「一寸光陰一寸金」，一定要愛惜光陰。

第四、錯失的機會：機會如光陰，稍縱即逝。一個成功的人，不但把握每一個機會，甚至是主動創造機會，辛勤耕耘。西諺云：「天才是時時刻刻尋找機會，他們願做別人不願做的工作，他們永遠不怕做別人從來沒有做過的事。」所以我們認為是天才的人，其實是他們比更多的人付出把握機會努力的。

「珍惜福報才會更有福報；珍惜因緣才會更有因緣。」一個有智慧的人，不但會珍惜手中的福德因緣，更不斷創造出更多的好因好緣，自然會成就一番大事業。以上四點，只要把握住生活中點滴因緣，不隨便破壞，進德修業，終會有所成就。「不回來的東西」有四點：

- 第一、潑出去的水。
- 第二、說出口的話。
- 第三、消逝的光陰。
- 第四、錯失的機會。

「藏」的大用

「藏」有所保留，「藏」有所涵養；自古書法大家皆說，用筆藏鋒，鋒若不藏，字則有病；文人學者的傳世大作，也是要藏諸名山，待後世有緣者發揚光大。藏，看起來隱晦，看起來保守，其實它有大用，什麼大用呢？四點如下：

第一、幽蘭藏於深谷：蘭花習潤忌日曬，喜風避冷寒，自古因深藏在山澗泉邊，以幽香淡雅彌久，而有「王者之香」的美名。所謂「崇蘭生澗底，香氣滿幽林」，假如蘭花生在紛紛擾擾，吵雜不安的環境裡，就聞不到它的暗香遠飄，也顯不出它的高雅珍貴，因此說「幽蘭藏於深谷」。

第二、寶玉藏於琢磨：一塊璞石，不懂的人看來，以為只是顆普通石頭，只有認識者才知道內藏寶石。是璞玉者，就要給予琢磨；給予雕琢，慢慢地，才能放出光芒，成為非凡的寶玉。因此古人有云：「玉不琢，不成器。」再好的寶玉，也都要經過琢磨，才能顯其價值。

第三、大器藏於晚成：是大器之人，要時間慢慢地養深積厚，是有用之才，也要慢慢地培養聲望。好比山裡的樹木才二年、三年的，把它鋸下來，只能當材燒；是十年、二十年的，可以用來做桌椅；如果是百年以上，就可以做棟樑了。所以有一句話說：「君子藏器於身，待時而動。」只有沉得住氣，才能成才；能夠韜光養晦，才成大器。

第四、顯達藏於謙卑：竹愈高，愈是彎腰；穗愈飽，愈是低頭；一個真正顯達的人，愈是謙卑。反之，我們看到很多暴發戶，一下子顯達了，就吆五喝六、耀武揚威，那是不會長久的。「良賈深藏若虛，君子盛德，

容貌若愚。」真正的顯達，愈是謙卑愈能長久。

人有才華很好，但才華不要輕易暴露，等於傳世寶貝，也不能輕易曝光，否則就有危險了。一個人過度出風頭、過度張揚自己，反而不利，好比黔驢之技，讓人家看透你的本領，反而不尊敬你。只有深藏不露的人，才是有所實力、有所得用。因此，人要有一點含蓄、含藏。這「藏」的大用，有妙處無窮。

- 第一、幽蘭藏於深谷。
- 第二、寶玉藏於琢磨。
- 第三、大器藏於晚成。
- 第四、顯達藏於謙卑。

無的功用

無，不是無用，無用才是大用。你看，眉毛有什麼功用？不能看、不能吃、不能呼吸空氣，但它就是得長在眼睛上面這個地方，否則就不像個人，這就是它的大用。「無」也可以從另外的層面去認識，你體認苦海無邊，才知回頭是岸；你瞭解世事無常，才懂珍惜因緣；因此無也有它的功用。有哪些呢？四點如下：

第一、無病身心健：只要不害病，身心健康，我就能做事、能服務、能幫助人。像慈濟醫院、雲水醫院，除了雲水到鄉間村落，為偏遠地區的患者服務外，另外一個理念就是讓有錢的人、健康的人出錢，替貧窮的病人出錢治療，讓無病的人，為無人照顧者服務。這種「無病」，有更大的意義。

第二、無債一身輕：有謂：「怕見的是怪，難躲的是債。」你負債累累，壓力就大了。無論是金錢的債、文字的債、人情的債、承諾的債，甚至答應人家的一句話講出來，都是一種債。你把債還了，沒有積欠了，所謂「無債一身輕」，那真是人生一大自在樂事。

第三、無仇全家安：俗語有謂「聖人化仇恨為增上緣」，有了仇恨，心頭難消，念頭都是報仇；有了仇恨，就是君子，也不容易釋然放下。你結了仇，白天夜晚都不安寧；你結了怨，時時刻刻如坐針氈。因此，不要輕易跟人結仇結怨，「得饒人處且饒人」，沒有仇怨，全家大小都平安。

第四、無災享太平：天災難預料。大自然的颱風、地震、水災、火山爆發等，即使科學昌明，可以事先預測，有時還是叫人難以預料；可是人禍卻可以避免的，小心火燭防火災；遠離財色，防血光之災；和諧尊重才能避免爭戰。少災少難，人人期待；無災無難才可以享受太平之樂。

所以，「無」字很有意思，不一定從「有」的上面去獲得。從「無」上，獲得的功用更多，無病、無債、無仇、無災，甚至「無罪心頭輕，無畏自在行」，這個「無」比「有」更好。吾人不妨從「有」的生活裡，跳脫出來，從另外一種角度，體驗「無」字的功用。這個四點「無」的功用，大有價值。

第一、無病身心健。

第二、無債一身輕。

第三、無仇全家安。

第四、無災享太平。

警覺之要

生活要時時懷有警覺心。警覺世間無常，就會愛惜時光；警覺人情冷暖，就知道謹言慎行；警覺世間的憂悲苦惱，才能提得起、放得下。如何提高人生的警覺？有四點需要：

第一、要安而不忘危：人生活在平順穩定的時候，往往會忽略了各種潛在的危機，一旦危險發生，則來不及應付，所以平時應有憂患意識，以防患未然，不致留下遺憾。飛鳥類在未雨之前，就懂得修護巢窩；臨冬前的動物也知道要儲存糧食，惟恐冬雪不便；同樣的，人在擁有財富的時候就應廣結善緣，布施貧乏。有朝一日，當你有困難的時候，自然就會有人來幫助。

第二、要存而不忘亡：世界上許多功成名就的人物，年老時仍不願交棒給後人，未能將身後事處理好，讓如日中天的事業而告中斷，甚至百年後，兒孫為了爭奪遺產，惹得烏煙瘴氣。因此，當我們身體康泰的時候，就應該想到生存與死亡只是一線之隔，死亡無時無刻不伴隨在我們身邊，人不能只想求生，卻不預做死亡的準備，一但事實昭然，就措手不及了。

第三、要治而不忘亂：唐朝大醫家孫思邈說：「古人善為醫者，上醫醫未病之病，中醫醫欲病之病，下醫醫已病之病，若不加心用意，於事混淆，即病者難以救矣。」意思是說從事醫護之人要有「預防重於治療」的觀念；中國古聖先賢治理天下，常常有「先天下之憂而憂」的胸懷；佛教治心亦然，教以止觀，洞察心機之始。因此，處於順境時，應有遭受逆境時的預備和防範，方能臨危不亂。

第四、要得而不忘失：人生在世總有得失，即使甜如蜜的愛情，亦如流水，時而載舟，時而覆舟；縱使富比王侯，十年風水轉，黃金變糞土，將相公侯變成階下囚。所以明朝憨山大師〈勸世文〉說：「榮華總是三更夢，富貴如同九月霜。」杜甫〈縛雞行〉載：「雞蟲得失無了時，注目寒江倚山閣。」

世間無論什麼東西都不是永恆存在的，因此對於人、事、物的無常變化更應該提高警覺，身心才能獲得保障和平衡。如何提高警覺？有以下四點：

第一、要安而不忘危。

第二、要存而不忘亡。

第三、要治而不忘亂。

第四、要得而不忘失。

情感表達

人是感情的動物，生活起居、往來之間等，都要用情感來表達。例如中國人用微笑、握手表達，西方人慣以獻花、擁抱表達，佛教徒則用合掌、愛語、讚歎來表達。但是也有人用情緒化、憎恨、惡口，甚至暴力來表達感情。感情如果沒有理智來領導，不但別人不歡喜，自己也不好受。

因此如何將自己的感情表達得宜呢？有四點貢獻給大家：

第一、要感性更要理性：我們立身處世，太過理性顯得冷冰冰，過於感性又太過熱哄哄，容易沖昏自己。感情處理不當，變成染污、盲目，人心的自私、煩惱、傷害等，就會因此引發。

乃至有時候自己跌進火坑裡，都還不知道錯在那裡。因此，理性時，要帶一些感性來圓融；感性時，也需要有一些理性來駕馭，合乎中道才能安全。

第二、要看開更要看透：佛教講「緣聚則生，緣散則滅」。情愛本身也是因緣聚散，不可能永恆不變的。因此有緣相處時，彼此真誠對待；緣盡情散了，保持風度各奔前程。只有二個人的感情世界是非常狹隘的，何必鑽牛角尖，想不開、看不透，只為某一事、某一人煩惱，甚至造成無可挽回的悲劇？不如將感情的窗子打開，把愛的對象擴大，才能看到更多美麗的人間風貌。

第三、要樂觀更要達觀：人一生大半都受情感左右，無論人際往來、是非得失，甚至生死存亡中，都有喜怒哀樂，我們要以什麼樣的情感面對，就在我們的選擇。

如果每天愁雲慘霧，日子怎麼好過呢？不如換個角度，把樂觀、歡喜帶給別人，不要把煩惱悲傷傳染給別人，才會有快樂的感情生活。

第四、要開發更要開心：感情如土地，需要開發，才能培植、成長。對父母的感情要開發，才懂得感恩孝順；對兒女的感情要開發，才能發揮父愛母慈；對朋友的感情要開發，才懂得奉獻包容；對國

家社會的感情，要開發才能愛國愛眾。因此，我有慈悲，就將慈悲開發出來；我有歡喜心，就將歡喜心開發出來如此；我有信仰，就把宗教情操開發出來，這樣人生就會充滿樂觀開心。

古人云：「精誠所至，金石為開。」對人有真實的情感，就能真誠待人，以慈悲、關懷的真心去幫助別人、提攜別人。言行都是真情流露，慢慢的就能近悅遠來，連頑石都能為真情所感，何況是萬物之靈的人類？能以上述四點來面對，我們的感情會開闊與昇華。

第一、要感性更要理性。

第二、要看開更要看透。

第三、要樂觀更要達觀。

第四、要開發更要開心。

教導後學

佛陀的教學方法有「觀機逗教」、「應病予藥」，意指是什麼樣的機，就給什麼樣的教；是什麼病，就給什麼藥。孔子的教學法講究「因材施教」，佛陀的教學法是「觀機逗教」，這都是針對每一位學生的資質給予指導。以下六點意見：

第一、苛薄者，教以寬厚：苛薄的人，言詞銳利、小氣吝嗇，時常在不經意時候得罪他人，甚至無形中失去許多朋友、助緣。這時候，要施予「廣結善緣」的教育，從寬厚待人當中，培養開闊大方、與人為善的氣度。

第二、暴戾者，教以溫和：如果子女行為兇殘，表現粗魯暴戾，要設法讓他學習慈悲溫和的性格。有許多兒童，常常在夜市路旁玩弄小魚、小蝦、小鳥，這種不尊重愛惜生命的態度，長大以後，殺人作壞事，不就是這樣養成的嗎？因此，從小導以溫和的教育，非常重要。

第三、浮華者，教以誠懇：浮華的性格，表現於外是虛榮、奢侈和勢利，潛藏於內是貪婪、傲慢及矯情。這樣汲汲追求榮華富貴，即使成為社交名人，也難保不遭大眾的批評輕視。所以，應該教導後輩子弟，雖然身處繁華虛浮的世界，也要掌握自己的原則和立場，學習誠懇的態度，才不致於迷失自己。

第四、膚淺者，教以含藏：膚淺，就難以厚實；短視，就難以看遠；因此要協助他含蓄內斂，養深積厚，不必急於表現自己，暴露自己的弱點。能夠學習深藏謙虛，才是修身之法，保身之道。

第五、輕浮者，教以持重：有些子弟信心不夠，言語輕薄，態度輕浮，或者種種奇異裝扮，極力博取他人注意。這時，要想方法給予信心，啟發他的特質，教以端正莊重，不可隨便。所謂「老成持重」，自尊自愛，才能獲得他人的尊重和重視。

第六、煩躁者，教以寧靜：常常內心不能安定，性格過於煩躁好動的人，可以教導他學習寧靜。例如許多學校，在上課之前，讓學生靜坐五分鐘；許多團體，在開會之前，讓會員打坐三分鐘。所謂「寧靜致遠」，由靜而定，可以發揮更大的力量。

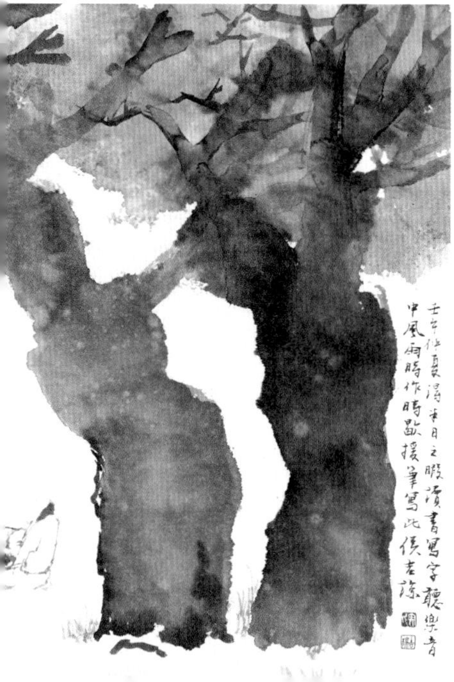

如何教導後學？最重要的還是為人父母、老師、長官者，以身作則，讓子弟、學生、部屬，有學習模範的榜樣，可以達到教導的成效。以下六點可以參考：

- 第一、苛薄者，教以寬厚。
- 第二、暴戾者，教以溫和。
- 第三、浮華者，教以誠懇。
- 第四、膚淺者，教以含藏。
- 第五、輕浮者，教以持重。
- 第六、煩躁者，教以寧靜。

忠告之要

所謂忠告、諫言，是正面的、是糾舉的、是規勸的、是建議的、是訓誨的。然而，忠言逆耳，良藥苦口，忠告要能令人堪受，若聽者無法接受，不能達到目的，不但無濟於事，反而適得其反。因此給人忠告時，表達要得體，不能讓對方覺得你在羞辱他、找他麻煩，不能令他心生反感。因此，對於一句好的諫言，如何讓對方接納，又能對症下藥，這是一門大學問，更是一大技巧。

如何給人忠告呢？有四點意見：

第一、切莫數落對方的缺點：我們對別人忠告、諫言，要委婉曲折，要讓他歡喜接受；不要把對方的缺點一再強調、指責，不能一味的批評、數落，否則他承受不了，便不容易接受你的忠告。

第二、切莫流於說教的形式：我們忠告對方，要讓他覺得受到尊重，而不是在對他說教，也不是開示，更不是指責，而是分析。所以，諫言不可以流於說教的形式，才是最好的忠告。

第三、切莫尖酸刻薄的挖苦：我們給人忠告，態度要誠懇，立意要善良，而且語言要婉轉，千萬不能讓對方感覺你說話尖酸刻薄，指責太嚴厲，批評太苛求，否則他心生反感、排斥，那就失去忠告的意義了。

第四、切莫拂逆對方的心意：我們要攝受別人，給予對方忠告時，必須先施以「同事攝」和「愛語攝」，要站在對方的立場表達，讓他覺得你了解他、懂得他，而不是在拂逆他的意思，讓他覺得你很體貼、值得信任，他自然會接受你。所以，不逆人意，才能做一個最好的忠告者。

給人諫言，要有勇氣；接受別人的諫言，則是一種智慧和美德。歷史上，魏徵之於唐太宗、孟子之於梁惠王、緹縈之於漢文帝、鄒忌之於齊宣王……等，前者的勇於諫言與後者的雅量納諫，皆被後人傳為美談。在佛教裡所謂的四攝法門，是菩薩度眾時的權巧方便，視眾生根器、喜好的不同，令之轉迷成悟。受教者固然應該如「虛空」一般，接納一切，方能容受、學習所有的事物；施教者，也必須像「虛空」一樣，無所不相，才能達到同事攝受的效果。因此，如何給人忠告？這四點很有意思：

第一、切莫數落對方的缺點。

第二、切莫流於說教的形式。

第三、切莫尖酸刻薄的挖苦。

第四、切莫拂逆對方的心意。

飲酒的過失

在我們的社會當中，喝酒的人不少，在社交場合，也常以雞尾酒品酌，以示禮儀。但是，時下之飲酒醜態百出，比如划拳勸酒、強制喝酒、賭注喝酒等，不僅危害身體、危害理性、影響社會善良風氣，尤其因為喝酒破壞人倫、延誤大事、害身喪命者不少。佛經說飲酒有三十六種過失，今列舉四點如下，實應為戒。

第一、顏色惡，力氣少：喝過酒的人，面紅耳赤，臉色難看；喝醉酒的人，胡言亂語，四肢無力，連走路都要人家攙扶。更有甚者，體態莽撞，四肢揮舞，乃至不慎跌入水溝，破傷顏面，血流滿身，四仰八叉，東倒西歪的樣子，好似個活死人，實在令人不忍睹之。

第二、眼不明，言不順：喝酒過多，舌頭結巴，語意不清，話不流利；酒後駕車，河流當作馬路，自尋死亡。還有甚者，眼睛模糊，醜態百出；醉後多話，不但把自己的隱私向人吐露，還把朋友的隱私，隨便說出來，乃至指天罵地，不避王法，最後招致無可挽回的惡果。

第三、相瞋恚，神不清：喝酒過量，猶如狂人，瞋恚凶惡，隨意拋擲家中雜物，驚動左右四鄰，人見人怕，不敢靠近。醉後神智不清，面色萎黃，嘔吐的樣子，把做人的基本舉止道德、人格神氣，統統都喪失殆盡，可見飲酒過量的危害有多大。

第四、名聲壞，疾病增：凡是好飲宴喝酒的人，都會遭受批評，名聲敗壞；凡是好酒之人，因為酒量過多，必定會引致疾病，使身體衰弱。此外，喝酒的人，經常結交酒肉朋友；喝酒之人，妻子憎惡其狀，想方設法與之遠離；飲酒過分，違犯國法，監獄有分；飲酒之人，減損福報，受苦無窮。

既然如此，為什麼我們做人要為了逞一時「飲酒」的口腹之欲，而把自己的六根弄得顏色惡、力氣少、眼不明、言不順、神不清、增疾病呢？所以，不要小看一杯酒，它對於一個人的損害，不可估計。飲酒的過失，實在不可不慎。

- 第一、顏色惡，力氣少。
- 第二、眼不明，言不順。
- 第三、相瞋恚，神不清。
- 第四、名聲壞，疾病增。

聚集

一般人都希望自己擁有無限的財富、崇高的地位，因此，存款愈多愈開心，土地愈廣愈過癮，人氣愈盛愈風光。但是，所謂「福兮禍所倚」，一味貪多、求好，表面上是擁有，實質裡卻有無盡的煩惱。不過，若努力聚集的是德性、慈悲、戒行，那麼，累積的就是無上的福德因緣。關於聚集，提出六種看法：

第一、聚財招禍：有些人一輩子為了錢財忙碌，等到財富積聚夠多了，卻已髮蒼蒼，視茫茫，行將就木，如〈醒世詩〉說：「朝朝暮暮營家計，昧昧昏昏白了頭」，豈不悲哀！如果為了錢財，鋌而走險，作奸犯科，應了俗話說的「人為財死」，就更不值得了。

第二、聚貪招怨：有的人非常貪心，物品、房屋、土地，凡是在眼前的，都想據為己有。但是，世上的物質就這麼多，你得到了，就表示別人無分。因此，若是一個人佔盡所有的好處，不懂得與他人分享，當然不免要遭到他人的怨懟。

第三、聚名招謗：名氣大的人，雖然可以享受一呼百諾，隨從如雲的風光，卻也因受到他人特別的注目，有時不免會嘗到「樹大招風，名高引謗」的苦惱。

第四、聚戒招譽：一般人遵守法律，修行人謹守戒律。世間的法律和出世間的戒律，都是端身正心的繩墨。奉公守法、持戒嚴謹的人，絕不會侵犯他人的利益，因此在社會上或是團體中，總能贏得別人衷心的尊重和讚譽。

第五、聚慈招德：「慈能與樂，悲能拔苦。」佛教中有位笑咪咪的彌勒菩薩，不僅每間寺院供奉祂，佛教徒歡喜信仰祂，甚至沒有信仰的人，也喜愛將祂放在廳堂作鎮家寶，那是因為彌勒菩薩有著無限的慈悲，讓大家都歡喜。同樣的，我們如果常常布施歡樂給別人，救濟他人於苦難，也能累積拔苦與樂的功德，而得到他人的歡喜。

第六、聚德招福：《阿彌陀經》說：「不可以少善根福德因緣得生彼國。」不僅求生佛國需要具足福德因緣，要成就世間任何事，也都需具備福德因緣。而最快速的積福方式，就是聚德；一個人道德愈好，福報就會愈大。

每一個勤奮的人，都知道要聚集。普通人努力積聚財富；聰明人除了財富，還費心聚集名利地位；有智慧的人，則懂得唯有積德、集慈、聚戒，才是最明智的聚集。希望大家都能作個有智慧的人。

- 第一、聚財招禍。
- 第二、聚貪招怨。
- 第三、聚名招謗。
- 第四、聚戒招譽。
- 第五、聚慈招德。
- 第六、聚德招福。

不如

「不如」，是一種比較，例如常聽到的「百聞不如一見」、「求人不如求己」；「不如」，也是一種超越勝過，例如：「得黃金百斤，不如得季布一諾」、「良田萬頃，不如薄藝隨身」。在我們日常生活，乃至言行處世中，要「不如」什麼呢？以下有四點：

第一、市私恩不如扶公義：有的人和人相處交朋友，會施一點利益恩情給別人，不過，他卻不是出於誠心真意，而是出賣私人的恩義，來博得他人對自己的好感，甚至給人一點恩惠，就要別人回饋感謝，這都是不如法的。《佛光菜根譚》說：「利益均霑，莫以公物私惠親友。」與其遮掩掩的施恩於私，不如坦坦朗朗的扶持公義，讓光明正大的正義能夠發揚。

第二、結新知不如敦舊好：人常「喜新厭舊」，因為「新」很好，新氣象、新風貌。但「舊」也不一定不好，尤其人生道路上，老朋友是護持我們的最大力量。伯牙絕絃於鍾期，是傷痛知音難遇；杜甫臥病長安，慨歎新友不似故交，雨天也會前來探視。「舊」裡有情義、有歷史，所以要更愛惜。因此，結交新知固然好，但總不如對舊朋友多一點的照顧。

第三、立榮名不如種隱德：擁有好榮譽、好名聲，表現特出、立功立榮、得獎肯定，這都是努力進取的人生。但是如果以種種手段汲取，不如種隱德。什麼是種隱德？就是積陰德，亦即培植一點不被人知道的福德資糧。給人助緣是積陰德，拔苦予樂是積陰德，甚至功成不居、不稱己善，都是積陰德。袁了凡因為陰德改變命運，小沙彌因為陰德得以延壽；在不經意之中，陰德已為您累積了未來的善緣好運。

第四、尚奇節不如謹庸行：有時候，人總希望自己具有出奇的能力、特殊的氣節、特殊的功勳，讓人家讚美鼓勵。然而所謂「畫虎不成反類犬」，如果沒有特出的才能氣節，還不如以謹慎、踏實、簡樸的言行，來讓人欣賞和放心。

所謂：「與其坐待因緣行事，不如創造因緣機會。」生命的自我反省和立身處世的原則，不妨從這四點「不如」開始做起吧！

- 第一、市私恩不如扶公義。
- 第二、結新知不如敦舊好。
- 第三、立榮名不如種隱德。
- 第四、尚奇節不如謹庸行。

有不可者

不少經典裡都提到各種的「不可不」，如「佛者不可不敬，經法不可不學，聖眾不可不事」、「大願不可不發，聞者不可不助」、「道不可不做，經不可不讀」、「身口意不可不護」……。活在世間，處在群眾中，有些事情，我們也應有「不可不」的認識，讓自己一則處眾和諧，二則修養心性。

第一、我有功於人者，不可不忘：我們幫助別人、對別人好、對團體有貢獻，這些善行、成就，不能常常掛在嘴上說，不能邀功，不能希望別人的報答。《金剛經》說：「以無我、無人、無眾生、無壽者，修一切善法，即得阿耨多羅三藐三菩提。」如果念念不忘自己對別人的好，不忘自己的付出，這樣的善行，稱不上是真的善行。因此，有功於人不可不忘。

第二、我有過於人者，不可不知：有時候我們得罪了人，在言詞上使對方難堪，沾別人的光，佔別人的便宜，即使人家未生氣、未計較，我都不可不知。有些人對於自己的過失或疏忽，常以「我又不是故意的」、「言者無心，聽者有意」等話來搪塞，這是很不好的心態。即使是無心之過，自己也應知所警惕。

第三、人有恩於我者，不可不報：《六度集經》說：「受恩不報，謂之背明」；俗話也說：「滴水之恩，湧泉以報」，別人曾給我恩惠，在困難、緊急時助我一臂之力，在上司面前為我美言，人前人後講我的好話，這些人情，都不可忘記，一有機會，就得想辦法回報這些情意，這些恩惠。

第四、人有怨於我者，不可不和：戰國時代，趙國的大將廉頗，認為上卿藺相如搶了他的風采，對藺相如很不滿，屢次找藺相如的麻煩，藺相如則一再謙和退讓，終於感動了廉頗。處於群眾團體中，不管是真得罪人，還是對方因為誤會，而對我們有怨恨之心、憤怒之氣，一定要設法跟他道歉、和解，求得他的體諒。

施恩不望報，受恩不忘報，有過當立知，受怨當求解。任何人能做到這四點，不僅人緣日佳，品德修養也會日有所進，且能累積無量的福德因緣，成就無上功德。

第一、我有功於人者，不可不忘。

第二、我有過於人者，不可不知。

第三、人有恩於我者，不可不報。

第四、人有怨於我者，不可不和。

想念

每天我們的念頭總是起起落落，佛經裡形容人的心念像瀑流一樣，連續不斷，如《寶雨經》云：「妄心如流水，生滅不暫滯，如電剎那不停。」不論是妄想、夢想或是理想，每個人心裡總有所繫念，念頭也有好有壞，要如何昇華，轉化念頭，有四點提供參考：

第一、凡夫的想念是聚集：一般人每天所想念的是如何擁有更多股票、金錢、名位，擁有上等的豪宅、轎車、珠寶等等，這些都是欲望的聚集。除了繫念物欲的追尋外，若能更以智慧作瓔珞來自我莊嚴，自我昇華，如《雜阿含經》云：「凡夫染習五欲，無有厭足。聖人智慧成滿，而常知足。」那才是難能可貴的。

第二、君子的想念是道德：君子的思念不是想得到金銀財富，他會想到學問如何進步，道德如何長養，智慧如何提升，如同《論語》所云：「君子食無求飽，居無求安。」常常省思「吾有德乎」。因此說「君子謀道不謀食」，好比顏回簞食瓢飲，不改其樂的精神，令人讚佩。

第三、仁者的想念是安邦：周公「一沐三握髮，一飯三吐哺」，連洗髮吃飯都不得安閒，一心一意為國求賢求才；范仲淹「士當先天下之憂而憂，後天下之樂而樂」，憂國憂民，以天下為己任，如蘇洵所云：「賢者不悲其身之死，而憂其國之衰。」仁者就是這樣無時無刻不以國家前途為想念。

第四、道人的想念是救世：牧師、修女與僧侶以「弘法是家務，利生為事業」，他們所想念的都是救人救世、覺世牖民。如玄奘大師西行求法，鑑真大師東渡傳戒，為世人留下典範。近代的太虛大師一生主張革除佛教積弊，以弘教護國，與國救世；德蕾莎修女堅定的信仰與奉獻的精神，發揚人性至善的光輝，都是不戀世間榮華，以法為重，以眾為我，肩負起弘化救世的責任。

哲學家愛默生說：「有怎樣思想，就有怎樣的生活。」佛教也說：「三界唯心，萬法唯識。」一個人心念常想的，便會造就他的人生與事業。如何轉小為大、轉凡為聖，以下有四點意見提供大家。

第一、凡夫的想念是聚集。

第二、君子的想念是道德。

第三、仁者的想念是安邦。

第四、道人的想念是救世。

更新

「更新」是開發潛能，「更新」是不斷淨化，「更新」是自我的昇華。身體需要新陳代謝，才能循環流轉；四季需要更新交替，萬物才能應運而生，我們的思想觀念也要不斷更新，才能有所進步。如何更新呢？有四點意見：

第一、從複雜中求取單純：社會很複雜，人生也很複雜，或許三個人就有四種看法，讓人覺得很複雜。聲音多不要緊，能將世間萬物提綱挈領，化繁為簡，運用自如，就是一種智慧。儘管有很多異議的言論看法，我們也可以單純處理。思想單純，不鑽牛角尖，心靈才會清淨；對自我利害得失不計較，才不會有煩惱，才能活得自在。

第二、從變化中求取認同：這個世界不但一天一天在變化，一時一時在變化，前一分鐘與後一分鐘，可能整個世界就不一樣了。我們要從變化中委屈宛轉，求取認同，但又能進步充實，保有真心，追求生命最高的境界，這樣才能免於隨波逐流，如同維摩詰居士的雖處居家，不著三界，不失本真。

第三、從多元中求取統一：現在的社會，有不同黨派，不同事業，不同觀念，佛教也有八宗之分，甚至佛國淨土有東方琉璃世界、西方極樂世界等。儘管有多元的世間，自己可以從很多的差別裡，求取自己心中的統一。《六祖壇經》說「生佛平等，自

他平等」，懂得自他平等，明白萬物都有因緣，就能從差別中求取平等，從矛盾中求取統一，從是非對待中超越，而發現一如的真相。

第四、從混亂中求取安定：我們每天一出門，就會看到很多混亂的現象，報章媒體也是眾多的人我是非。在這許多混亂之中，我們可以學習陶淵明的「結廬在人間，而無車馬喧」；程灝說的「眼觀歌舞，但心不隨境轉」，從混亂中，找出自己安身立命的辦法，不論做人處世，在混亂裡，能明白真理，通達情理，就能安然自在了。

希望企業永續，必須觀念更新，技術更新，方法也要不斷的推陳出新；文化智慧，要世代交替，才能流傳千古，生生不息；自我的生命，要如戶樞不蠹，流水不腐，才能日新又新。人在世間，如何更新？有四點意見：

第一、從複雜中求取單純。

第二、從變化中求取認同。

第三、從多元中求取統一。

第四、從混亂中求取安定。

自他古今

在這世間，有許多的分別，人類有男女老幼，空間有上下左右，時節有晝夜冷暖，人生有榮枯善惡等，乃至人際有自他不同，時間有古今差異。這麼多的不同中，什麼是「自他古今」的分別？以下四點說明：

第一、自家富貴不著心裡：擁有富貴榮華，究竟好壞？其實都在一念之中。如果你太執著於有錢、有勢、有功名、有利祿，就會介意、掛念，甚至為之牽絆，感到不勝負荷。但假如你能擁有而不負擔，隨緣而不著意，「富貴於我如浮雲」，那麼在你的世界裡，什麼東西都能容納，就能逍遙自在，心的世界，也自然寬廣無限。

第二、他人富貴不著眼裡：他人的富貴，你歆羨嗎？你貪圖嗎？假如是，你的心志就動搖了，日子就辛苦了，你會成天追逐這些而疲憊不堪。但如果你不將他人富貴著於眼裡，好比「文官不愛錢，武將不惜死」的精神，在少欲知足的清淨中，一樣可以安身立命。戰國時代黔婁，家徒四壁，能安貧守道；居陋巷的顏回，一簞食，一瓢飲，也樂在其中。唯有不受富貴誘惑，不因窮困而喪志，就能堅持信念，成就大器。

第三、古人忠孝不離胸中：忠孝是來自內心的感情良知，維繫人際間倫理綱常。在佛教裡，佛陀為父擔棺，又以「親族之蔭勝餘蔭」感動琉璃王退兵，避免攻打祖國；目犍連救母離地獄脫苦海，舍利弗入滅前，返故里向母辭別；在歷史上，岳飛精忠報國，關雲長赤膽忠義，文天祥的忠肝義膽，在在顯示古人的忠孝不離心中，更求忠孝兩全。

第四、今人忠孝不離口中：忠孝是傳統的美德，至今許多人卻視如戲言，只是口上說給別人聽，自己卻不一定會去做。像現在，忤逆不孝的事件，時而聞之；甚至道德淪喪，不顧社會國家的事件，也經常見到，實在令人不勝唏噓。

「今人不見古時月，今月曾經照古人。」時代不斷在演進，古人美好的行儀，是今人效法的處世原則；世間雖眾多紛擾，心中有原則，就不會在妄想分別的洪流中迷失。如何將「自他古今」拿捏得宜？有以上這四點。

第一、自家富貴不著心裡。

第二、他人富貴不著眼裡。

第三、古人忠孝不離胸中。

第四、今人忠孝不離口中。

增加什麼

中國人過年，家家戶戶幾乎都會張貼春聯，以討個吉祥與喜氣。一般常見的春聯如：「天增歲月人增壽，春滿乾坤福滿門。」可見大家的心理都希望能增福增壽。其實，人生除了福壽以外，還需要增加的東西很多。人生到底應該增加些什麼呢？有四點意見：

第一、對親友，要增加一些關懷和照顧：人，不能沒有親戚，不能沒有朋友，我們對親戚朋友，應該多付出一些愛心，多給予一些關懷、照顧；我們給他們關心、照顧，從對親朋好友的愛心關懷，推廣開來，繼而能對一切眾生生起「無緣大慈，同體大悲」的慈悲之心，這就是「同體共生」的體現。

第二、對社會，要增加一些結緣和奉獻：人在世間生活，都是受到社會大眾的諸多因緣成就，才能生存。所以，我們對社會、對大眾，要心存感恩，要懂得奉獻、回饋；藉此不但自己可以廣結善緣，同時也是善盡對國家社會應有的責任。

因為眾緣合和的社會，如果大家都能抱持結緣、奉獻之心，「我為人人，人人為我」，就會形成一種善的循環，則社會必然一片祥和。所以吾人對社會，應該多增加一些結緣和奉獻，這是每個人應有的認知和使命！

第三、對做事，要增加一些主動和勤勞：主動參與、勤勞做事，這是積極的人生態度。一個人如果凡事被動，將會因此失去很多學習、成功的機會；一個人如果懶惰、懈怠，即使滿腹才華，也無用武之地，如此與平庸無異。

因此，人不一定要聰明能幹，重要的是肯主動學習、主動參與、主動助人、主動融入大眾，並且勤勞做事，不怕吃苦，也不怕吃虧。能主動、勤勞，苦幹、實幹，這是成功立業的要件。

第四、對自己，要增加一些滿足和快樂：人生最大的幸福，就是知足常樂，這也是每個人與生俱來、人人平等擁有的財富。但是有的人因為欲望多，煩惱隨之而來，因此活得不快樂，這是人生最大的損失。一個人即使擁有萬貫家財，如果活得不快樂，人生往往失去意義。因此，我們對自己要增加一些滿足和快樂，而獲得快樂最好的辦法就是真心給人快樂。再者，懂得感恩知足的人，快樂也會隨之而來，因為「快樂在滿足中求，煩惱從多欲中來」，知足的人，才能常樂。

人生到底該增加些什麼呢？有四點：

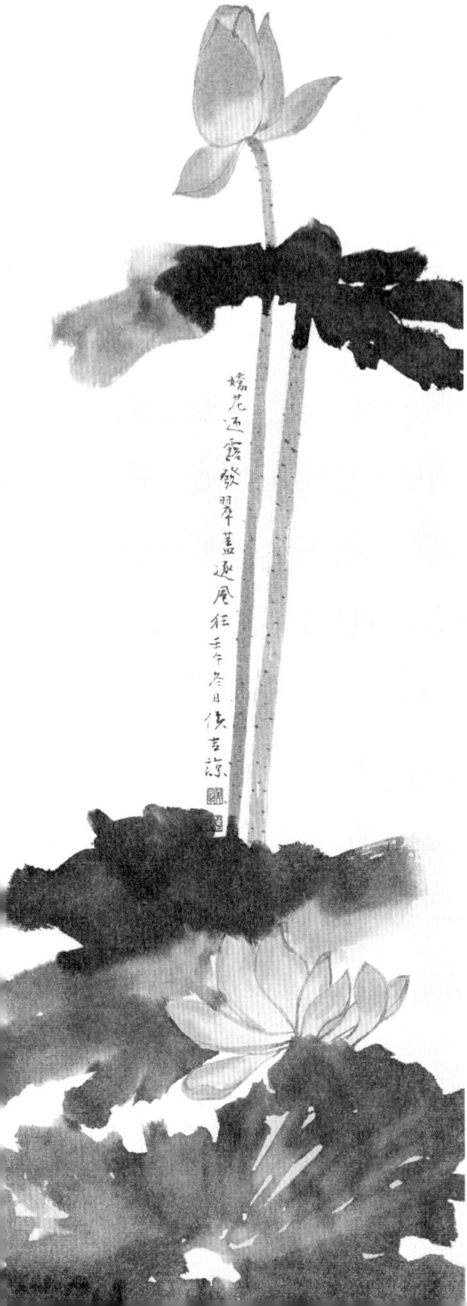

- 第一、對親友，要增加一些關懷和照顧。
- 第二、對社會，要增加一些結緣和奉獻。
- 第三、對做事，要增加一些主動和勤勞。
- 第四、對自己，要增加一些滿足和快樂。

招殃

古人說：「升天自有升天福，不是求仙便得仙。」人的福分多少，自有因果關係，如果不肯培福修德，只是一味的貪心妄求，有時不但「求榮反辱」，甚至為自己招致災殃，所以「招殃」之事切莫妄為。有四點說明：

第一、貪圖虛名者易招損：人多數都很好名，好名並非不好，所謂「三代之前唯恐好名，三代之後唯恐不好名」。有時候好名也是一種榮譽感，然而人要留得好名聲，一定要實至名歸，千萬不可沽名釣譽。有的人貪圖虛名，結果名不符實，到頭來不但被人看輕，受人恥笑，而且名譽遭損，真是得不償失。

第二、無德求福者易招譴：有人說道德可以「四兩充半斤」，不過這是一時的；一個人有德無德，從他的心性、作為，日久還是會顯露無遺。一個沒有道德心的人，自己不修德，一心只想追求外在的福德因緣，比方說要人尊敬，要人擁護，但自己沒有道德，自是無法令人服氣，同時也將遭到別人的譴責、唾棄。

第三、無功受祿者易招辱：有功則賞，有過則罰；賞罰分明、論功行賞，這是任何國家、團體，乃至軍隊維護紀律的法則。過去古人講究無功不受祿，現代的人則是恃功而驕，只要有一點小貢獻，就希望獲得表揚，就想邀功。甚至有的人沒有功勞而妄求賞賜；沒有功勞就受到獎勵，反而給人看輕，這是自取其辱。所謂功勞、貢獻，都應該是眾望所歸，如果有功的人，能夠待人謙虛，不居功、不傲慢，在功成名就的時候，自謙、自卑、自下，則更為可貴。

第四、爭名奪利者易招殃：名利，遠觀則能灑脫。但是，一般人的一生，總因名韁利鎖而自我束縛、自我設限、自我封閉。一個人名利的欲望愈大，幸福的笑容愈少；名利的擁有愈多，生活的壓力愈重。甚至有的人為了爭名奪利，時時與人勾心鬥角，最後終於招致無邊災禍。所以，做人要能澹泊物欲、看淡名利，才能自在、才能平安。

「禍福無門，唯人自招。」是福是禍，都是自己的行為所造作，因此「招殃」的原因，不得不注意：

第一、貪圖虛名者易招損。

第二、無德求福者易招譴。

第三、無功受祿者易招辱。

第四、爭名奪利者易招殃。

取與恕

人皆有所長，也有所短，因此人和人相處，要觀德莫觀失。能夠取其長而用、恕其短而容，則世上沒有不可用之人。關於「取與恕」之道有六點：

第一、取人之憨，恕其癡愚：有時候我們看一個人很憨直，覺得這個人好像不是很聰明，不是很靈巧。不過沒有關係，憨直的人你要欣賞他的寬厚，要包容他的癡愚，你可以交待給他一些不必臨機應變的工作，只要讓他聽命做事，他一樣可以勝任愉快。

第二、取人之樸，恕其笨拙：有的人生性樸實無華，他不會用華麗的言辭討人歡喜，只是安分的守著自己的崗位。對於這種人，你要寬恕他的笨拙，進而要欣賞他的質樸。一個人能夠保持樸素的本性，也是很可取。

第三、取人之介，恕其執著：有的人做事一絲不苟，做人更是正直不阿。對於耿介正直的人，有時候雖然稍嫌執著了一點，但這種人不容易為利益所誘惑，比較容易秉持正義行事，因此只要你能容得下他的執著，也是很可託負重任的人。

第四、取人之敏，恕其疏失：有的人做事很靈巧，反應很敏捷，不但動作快速，手腳利落，而且腦筋動得很快。只是有時候過分求快，難免在言語之間，或是做事方面顯得不夠周全。對於這種人，我們要原諒他的偶有疏失，要借重他的快速靈敏，讓他發揮所長。

第五、取人之辯，恕其放肆：有的人對是非、善惡、好壞，總是分辨得一清二楚，而且經常放言高論，難免給人傲慢放肆之感。但是對於這言能言之人，我們不要嫌他放肆，應該取其辯才，發揮輿論的匡扶之功。

第六、取人之信，恕其拘謹：有的人很講究信用，凡事實事求是；由於過分重信守諾，有時候顯得不夠圓融隨和，不會通情達變，甚至給人拘謹的感覺。對於這種人，我們要接受他拘謹的一

面，要讚許他重然諾、守信用的美德。

總之，人不可能十全十美，不可能樣樣都好。每個人雖有所短，必有所長，所謂「天生我才必有用」。所以，人不可以妄自菲薄，也不可以妄下論斷，輕易判人生死，應該「但取其長，捨其所短」。所以「取與恕」有六點：

第一、取人之憨，恕其癡愚。

第二、取人之樸，恕其笨拙。

第三、取人之介，恕其執著。

第四、取人之敏，恕其疏失。

第五、取人之辯，恕其放肆。

第六、取人之信，恕其拘謹。

不足之患

人，都有無限的潛能，但多數的人不懂得開發自己內在的能量，所以經常自感不足。因為能力、智識不足，因此走不出去，於是故步自封；愈是不走出去，就愈落伍，一生只有在原地裡兜圈子。所以，一個人失敗的原因，都是因為自己不足，因此造成遺憾。「不足之患」有四點：

第一、識不足則多慮：一個人的見識、知識、認識不足時，就容易產生疑心，且多焦慮、煩躁。例如一個落後的國家，在醫藥方面因醫療知識不足，因而降低了人民的平均壽命；在經濟方面，因缺乏工商的技術知識，而降低了人民的生活所得；在科技方面，因新知的不健全，而降低了人民的生活水準。現代是一個物競天擇的時代，無論在人與人之間，或是

國與國之間都是競爭相較激烈的時代，每個人都必須終身學習，才能不斷地提升自我的知識，才能免於被時代淘汰的憂慮。

第二、威不足則多怒：一個人如果威德具足，則能不言而善化他人；反之，一個沒有威德的人，往往「言者諄諄，聽者藐藐」，並且因他人不能信服自己，而容易生氣動怒。人，要建立自己的威德，必須言行一致，所謂：「君子欲言必行在先」，如果自己凡事以身作則，且能進德修業、莊重威儀，必能受眾人擁戴，且在領眾上，即使不怒也能服人。

第三、信不足則多言：《老子》說：「信不足焉，有不信焉！」人常因為自己的信用不好，讓他人產生懷疑，或是對他人的信譽不相信，而讓自他產生怨言。例如對別人的「信」賴不足，就容易產生閒話與是非；對一件事情的「信」心不足，就容易前後躊躇，不知道該怎麼決定，甚且容易產生埋怨與慨歎；對領導者的「信」任不足，就容易產生不擁護與意見紛歧。所以，信不足則多言。

第四、誠不足則多心：有時候人我相處，最重要的是靠一個「誠」字，誠信最重要。我對你很誠實，你怎麼會對我不忠誠呢？我對你很誠懇，你怎麼會對我不信服呢？所以交友、處事，重在一個「誠」字，如果誠信、誠懇不足，就連自己也要多心，人家怎麼會接受你呢？誠信是尊重他人，誠信可為道德的準則，誠信是企業發展的基礎，誠信也是市場營運的必備條件。老子所謂：「夫輕諾必寡信，多易必多難」；反之，一個重誠信者，必定容易成功。

人，不怕自己不足，只要能「知所不足」，進而發奮圖強；就像乾電池，只要加以充電，有朝一日必能發揮能量。所以了解了「不足之患」才能面對他、改善他。「不足之患」有四點：

第一、識不足則多慮。

第二、威不足則多怒。

第三、信不足則多言。

第四、誠不足則多心。

災禍之根

在日常生活裡，有時我們會遇到好事，偶而也會遇到壞事。遇到好事就說：「今天好幸運！」遇到壞事則說：「今天好倒楣！」或是抱怨：「為什麼厄運總是降臨到我的身上呢？」其實人生的禍與福，各有其因緣。關於「災禍之根」，有四個原因：

第一、不重視親朋故舊：對於親戚、朋友、故交不重視的人，是屬於自大我慢、不知感恩者。「羊有跪乳之恩，烏有反哺之義」，《詩經》也說：「嚶其鳴也，求其友聲」；畜牲尚且有感恩的孝心，禽獸亦有呼朋引伴的友情，人類難道能悖禮無德、不敬親友嗎？人，從小至大，接受友人的提攜之情，難以計數；接受親人的照顧之恩，浩瀚難報。如果不知感念，不重視親朋故舊，則其人必會因此而親疏遠離，孤獨一生。

第二、不相信因果報應：不相信因果為什麼會遭致災禍呢？因為一個相信因果的人，當他動念想做壞事的時候，他知道為惡必受果報，就不敢隨便造次；反之，不相信因果的人，為了自己的利益，往往不擇手段，為所欲為，甚至肆無忌憚的殺人、搶劫、欺騙等壞事做盡。我們看監獄裡的受刑人，不都是因此而鋃鐺入獄的嗎？所以不要心存僥倖，因果「絲毫不爽，纖毫受之」；不信因果報應，很容易招致禍患。

第三、不知道安貧守道：有一天孔子問顏回：「你這麼窮為什麼不去做官呢？」顏回說：「城外的土地，可以供我吃飯喝粥；城內的土地，可以供我穿衣；家裡中的琴，可以讓我自娛；老師的大道，給我無上樂趣，所以我不願去當官。」知足才能獲得平穩的生活，若能「不戚戚於貧賤，不汲汲於富貴」，則能安貧守道；反之，無厭足的心，終將驅使自己貪求造罪，因而帶來無邊的禍害。

第四、不明白隨緣隨分：在生活中，不明白隨緣隨分的人，往往在因

緣不具的時候，偏要妄求，而讓自己徒增煩惱、壓力與不愉快；有時該是隨喜成就一件好事的時候，偏又不肯隨緣，而讓周遭的人對你反感，自己也過得不快樂。所以，一個不隨緣、又不隨分的人，就是沒有認清自己的本份，如此違逆自然，當然不會有好的結果了。

語云：「禍福無門，唯人自招」。一個人的遭遇好壞，與自己日常的所作所為有關。創造善因善緣，就是獲福滅罪的機會；為非作歹，就是輪迴受苦的因緣，所以「災禍之根」有四點：

第一、不重視親朋故舊。

第二、不相信因果報應。

第三、不知道安貧守道。

第四、不明白隨緣隨分。

「有」之後效

「要怎麼收穫，先怎麼栽！」凡事有什麼「因」，就會有什麼「果」；有什麼樣的條件，才能成就什麼樣的結果。了解先後的因緣關係，才能有次序的規畫，從先後次序中獲得更好的效果。所以，在生活中應注意自己的一言一行，尤其要慎防於因。「有」的後效，有四點看法：

第一、做事要有興趣，然後才有樂趣：我們無論做什麼事情，都要先培養做事的興趣，有了興趣，才能產生樂趣。興趣，是忍耐的基礎；興趣，是熱忱的動力；興趣，是學習的泉源。凡事有了興趣，就能激發求知的意願，而能不怕辛苦，不計較利益多寡，不管成敗得失，把做事當成是一種學習，從中獲取經驗、知識，且能體會工作的樂趣。

第二、為人要有正氣，然後才有義氣：做人要爭氣，不要生氣。所謂「爭氣」，並不是爭一時的傲氣，而是爭千秋的正氣。有了浩然的正氣，才能為國、為家發出大忠大孝的正義之氣，如投筆從戎的班超、鑑湖女俠的秋瑾，他們都是由正氣而發出了「雖千萬人，吾往矣」的忠義之氣。

第三、求學要有成績，然後才有功績：一般人無論做什麼事情，都希望有好的成績。如學生讀書，要經過考試，有好成績才能升學；公務人員的等級，也要經過評鑑，有好成績才能升等；社團的成效，也要經過評鑑，才能認定這個社團有沒有績效。而這些評鑑的成績好壞，都是肯定你平時努力的多寡，所以讀書求學、做人做事，都要有成績才有功績。

第四、交友要有慈心，然後才有真心：《過去現在因果經》提到，與朋友往來之道：見朋友有過失，要勸諫；朋友有好事，要深生隨喜之心；

朋友有苦厄，要不相捨棄，這就是一種慈悲心的表現。交朋友要有拔苦予樂的心，要能協助朋友從憂悲苦惱中解脫出來，並且能甘苦與共、生死不離，如此才能真心相待。

我們無論做事也好，待人也罷，都應該給人歡喜、給人信心、給人希望、給人方便；能夠發自內心喜捨，有了好的因，才能利樂自他，才能圓滿人生。「有」之後效有四點：

第一、做事要有興趣，然後才有樂趣。

第二、為人要有正氣，然後才有義氣。

第三、求學要有成績，然後才有功績。

第四、交友要有慈心，然後才有真心。

如何規勸

當一個人的言行有了過失或不當時，我們給予良言忠告或直言規勸，使之改正錯誤，即為「諫」。其實，諫的類型和方式，並非如此單一。古人為了勇於規勸對方，除了直言古鯁者以言語勸諫外，也有以藝術形式委婉地進行勸說者。如：北宋名相寇準的侍妾茜桃，為了規勸寇公體察民情，戒奢尚儉，以「詩諫」的方式，寫下了〈呈寇公〉諫詩兩首。又如：清初畫家蔣伊，以繪畫代書，言事喻理為民請命，收集了民間疾苦和酷吏穢聞，創作了十二幅畫，於康熙十八年，斗膽向康熙進獻，是為「畫諫」。

中國向來自稱是「禮儀之邦」，由於長期的文化積澱，交際言詞崇尚委婉、曲折，而諫詞則要求含蓄。時到今日，官民關係已發生了很大的變化，但是講究進諫的方式和藝術，以求得規勸的最大效果，看來還是有必要的。因此，「如何規勸」？有四點意見：

第一、講話要含蓄，切忌太露：當我們責備一個人時，用詞要含蓄，最忌諱的就是太露骨、太過銳利，傷害了對方的尊嚴，這樣不但不能被人接受，反而心生反感。所以，責人之過要讓對方堪受，要給對方留有餘地，讓他能夠接受；能夠令人歡喜接受，這是規勸的先決要件。

第二、態度要委婉，切忌太直：當我們規勸他人的時候，態度不要太嚴峻、太粗魯，有時候責備一個人，反而要對他更加的有禮貌、親切、委婉，不可以太過直接。如果你直言不諱傷害了他，讓他不肯接受你的意見，那就失去了勸諫的初心。

第三、處事要圓融，切忌太真：做人處事最要緊的就是圓融，切忌太真，有時候做人太過方正，難免得理不饒人。因此，方和正固然很好，但是圓融更重要，因為凡事圓融一點，讓人家在你的包容裡，感覺到如沐春風般，對方便能體會你的圓融，接受你的善意。

第四、做人要寬厚，切忌太苛：做人處事的妙訣就是要厚道，最怕的就是太苛刻。小小的事情不要太計較，只要大事不糊塗，小事不必太介意。甚至在利益上，也要讓人家多分一點，多得一點利益；假如你比他優秀，更應該多包容他、愛護他，不可太過嚴苛，讓別人感受到你的寬厚，自然歡喜和你在一起。

古德云：「良言一句三冬暖，惡語傷人六月寒。」語言是傳達感情的工具，但若運用不當，則成為傷人的利器；更何況給予他人規勸的話，又是最敏感的語言，我們說話能不謹慎嗎？因此，會說話的人，首先考慮的是，一句話說出來，是否傳達了自己的意思，對方能否歡喜接受，所以規勸也要有規勸的藝術。「如何規勸」？有四點意見：

第一、講話要含蓄，切忌太露。

第二、態度要委婉，切忌太直。

第三、處事要圓融，切忌太真。

第四、做人要寬厚，切忌太苛。

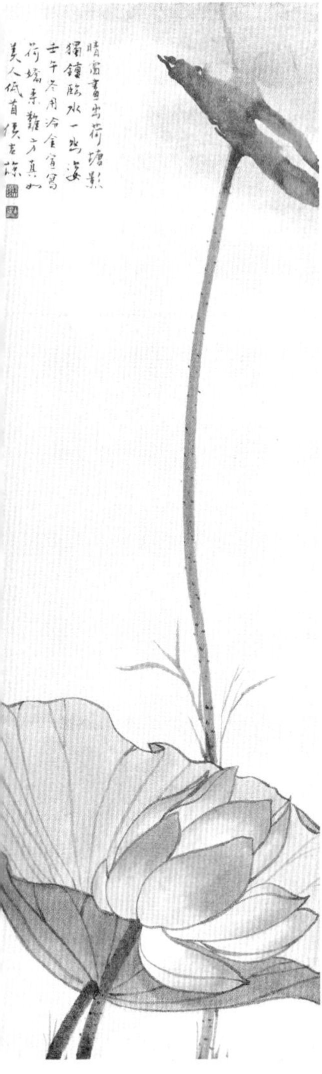

有用的條件

人，都希望成為一個有用的人，除非是自甘墮落、不肯上進，否則沒有人願意做個沒有用的人。但是有用無用，就要看這個人願不願意被用，有的人雖然懷有一技之長，但是他不願意為人服務，不願意以自己的技能貢獻社會、團體，像這樣的人，即使有用也會變成沒用。

反之，有的人雖然沒有特殊的技能或本事，但是他很勤勞，又肯為人服務，所以大家都喜歡他，也覺得缺少不了他，而這樣的人，即使沒用也會變成有用。因此，什麼才是「有用的條件」？有四點意見：

第一、要有高尚的品德：做人的根本，品德第一，所以一個人寧可以不聰明，沒有能力，但不能沒有高尚的品德。例如佛教講慈悲喜捨、慚愧感恩，這是做人的根本；中國儒家講三綱五常、四維八德，這是做人應有的品德。現在的社會，講究守時守信、服務奉獻，這都是美好的品德。乃至現在提倡不抽煙、不喝酒、不吸毒品、不涉足酒家及舞廳等，這些都是做人應該具備的品德。一個人如果光是有學問、才華，而沒有品德，一旦走上歧途，結果聰明反被聰明誤。所以我們要想做一個有用的人，先要為自己確立高尚的品德。

第二、要有豐富的知識：一個人要想成功立業，豐富的知識是必備的條件之一。有時候成為專家、專才固然好，但是在多元化的現代社會，也不能不接受一般的通識教育；能夠廣博多聞，之後再一門深入，更能發揮長才。所以一個人要在社會上立足，對於世間的知識、個人修養上的知識、利眾為人的知識，乃至出世間的知識，都應該博學通達。

第三、要有善良的性格：一個人的性格，可以決定一個人的成就。有的人很有才華、能力，但是性格孤僻，自私自大，難以融入人群大眾，他的成就自然有限。所以做一個有用的人，首先在性格上要能與人為善、從善如流，要懂得體貼別人、體諒別人、包容別人，在與人相處時，能夠給人方便、給人空間，讓人歡喜與你親近，自然獲得人望。

第四、要有健康的身體：俗語說：「留得青山在，不怕沒柴燒。」健康的身體，是一切成就的基礎；失去了健康，再大的抱負，也難以施展。所以，一個人有了豐富的學問、高尚的品德及善良的人格之外，還要有健康的身體，才能發揮所長，成為一個有用的人。因此，平時的自我保健，是成功不可或缺的要素！

人，寧可無用，但不能無明；能夠明理，而又有用，當然更好。成為一個有用的人，就必須：

- 第一、要有高尚的品德。
- 第二、要有豐富的知識。
- 第三、要有善良的性格。
- 第四、要有健康的身體。

國家圖書館出版品預行編目資料

如何度難關：智慧/星雲大師著—初版—台北市；香海文化，
2007・09　面；　公分(人間佛教叢書)(星雲法語；4)
ISBN 978-986-7384-73-7(精裝)
1.佛教說法
225.4　96015516

人間佛教叢書
星雲法語❹
如何度難關—智慧

作　　者／星雲大師
發 行 人／慈容法師（吳素真）
主　　編／蔡孟樺
圖片提供／侯吉諒
法語印章／陳俊光
資料提供／佛光山法堂書記室
編輯企劃／陳鴻麒(特約)、香海文化編輯部
責任編輯／高雲換
助理編輯／鄒芃葦
封面設計／釋妙謙
版型設計・美術編輯／蔣梅馨
校　　對／侯秋芳、周翠玉

出版・發行／香海文化事業有限公司
地址／110台北市信義區松隆路327號9樓
電話／(02)2748-3302
傳真／(02)2760-5594
郵撥帳號／19110467　香海文化事業有限公司
http://www.gandha.com.tw　www.gandha-music.com
e-mail:gandha@ms34.hinet.net

總經銷／時報文化出版企業股份有限公司
地址／235 台北縣中和市連城路134巷16號
電話／(02)2306-6842
法律顧問／舒建中、毛英富
登記證／局版北市業字第1107號
ISBN／978-986-7384-73-7
十冊套書／定價3000元　單本定價／300元
2007年9月初版一刷　2009年1月初版二刷　2013年5月初版三刷